UNE EXCURSION

DANS

LA HAUTE - KABYLIE.

UNE

EXCURSION

DANS

LA HAUTE-KABYLIE

PAR

UN JUGE D'ALGER EN VACANCES.

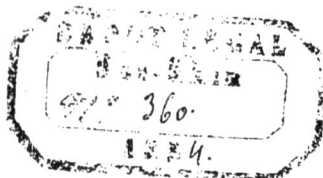

STRASBOURG,

IMPRIMERIE DE VEUVE BERGER-LEVRAULT.

1854.

Mes chers Amis,

ous vous plaignez de ce que vous appelez, fort irrespectueusement, ma paresse. Cette fois vous ne vous en plaindrez plus. Je vais vous raconter, en *détail*, l'ascension que je viens de faire, *seul*, *comme toujours*, sur le plus haut des pics du Djurjura.

Je commence; gare la bombe !

uelle chaleur! quelle chaleur! quelle chaleur! On grille le jour, on cuit la nuit, et en tout temps la poussière du macadam vous saupoudre. Si j'allais respirer l'air au dehors, à la campagne? D'ailleurs, le tribunal n'est-il pas en vacances? Tous mes collègues sont partis; la vapeur les a ramenés dans la métropole. Ils m'ont délégué, il est vrai, pour garder le sanctuaire et entretenir tout doucement le feu sur son autel. Ils devaient bien cette haute marque de confiance à leur doyen. Mais si le doyen, en glissant la clef sous la porte, allait humer un peu d'air kabyle! L'autel, pendant huit jours, sera désert; l'atmosphère, d'ailleurs, n'est pas au crime, ni au délit, ni même à la chicane — partons. Mais où aller? Huit jours de liberté, pas plus :

c'est trop pour une petite promenade, et peu pour une grande.

Voyons, si j'allais à l'oued Corso, visiter la ferme nouvellement construite? De là je pourrais pousser jusqu'à Dra-el-Mizan, voir comment le capitaine Beauprêtre est installé dans son nouveau castel, et lui manger, par la même occasion, sa provision de miel kabyle en rayon. C'est un vrai service d'ami que je lui rendrai; car, je vous le demande un peu, à quoi peut servir à un zouave une provision de miel? à moins que ce ne soit pour prendre des mouches petites ou grosses; c'est décidé, arrêté!

Mais pas un cheval, un chameau, un mulet; pas le moindre, le plus chétif aliboron ou bouricot, comme on les appelle ici. Allons au marché kabyle, marché aux huiles, hors la porte Babazoun; quoique ce ne soit pas la saison des arrivages, je trouverai cependant bien quelque marchand retardataire, s'en retournant dans les montagnes. Ils sont, il est vrai, passablement crasseux, huileux, et, disons le mot, pouilleux. Comme, après tout, ce n'est pas eux qui me serviront de véhicule, mais bien leurs bêtes, qui sont beaucoup plus propres que ces messieurs, cela m'est presque indifférent. C'est décidément le meilleur moyen, d'autant meilleur que je n'en ai pas d'autre.

Justement voilà Chérif, espèce de courtier, moitié maure, moitié biscri, prenant de toutes mains; il m'aperçoit et me sourit de son sourire carottier (carottier est un mot de zouave, de troupier, qui a

parfaitement pris, ainsi que la chose qu'il exprime,
parmi les Arabes, et où il a cours, bien plus que les
mots probité, intégrité).

«Y a-t-il une occasion pour l'oued Corso»? —
«Oui; ton Kabyle est ici, il est allé faire boire sa
mule; le voici qui revient.» — «*Ouachalek, ouachenta.*»
(Bonjour, comment vous portez-vous?) — «Enchanté
de te voir bien portant, ainsi que ta bête. Veux-tu
partir demain?» — «Un *roumi* (chrétien) a retenu ma
mule; mais je partirai avec toi, si tu me donnes dix
francs.» — «Merci de la préférence; elle est flatteuse
pour ma bourse. Sois donc à ma porte à trois heures
du matin avec ta bête; si elle pouvait même venir toute
seule, j'aimerais mieux cela, toi tu irais en avant.» —
«*Policia chappar moi*» (la police m'arrêterait). — Cela
fait l'éloge de la police: mon drôle craint d'être arrêté.
Au fait, il a bien une mine à cela; est-ce qu'il l'aurait
déjà été, qu'il est si prudent? diable! — «Alors je
t'offre mon toit (c'est le mot et la chose pris dans leur
sens réel et non figuré); mais, au lieu de coucher
dessous, tu coucheras dessus, mon toit étant une
terrasse; comme cela tu seras plus tôt réveillé et tu
me réveilleras.»

Il est à ma porte à huit heures du soir; je le fais
attendre deux heures; puis je l'installe sur ma terrasse
à la clarté des étoiles. Je lui cède ma paillasse. Il me
demande quelque chose pour mettre sous sa tête: il
a vu un oreiller; je lui en donne un rembourré de
paille: décidément le Kabyle progresse dans le luxe et

le confortable, lui qui dort toujours sur la terre nue, enveloppé seulement de son burnous.... quand il en a un. — «Tiens, voilà du pain et du tabac (il sourit), et un morceau de sucre.» — Cette douce attention le touche jusqu'au fond de l'estomac. — «Maintenant, dors jusqu'à demain, trois heures.... pas plus tard!»

J'ai à écrire, mon paquet à faire, une foule de petites choses à mettre sous clef. Je prends du café, pour m'empêcher de dormir; j'en ferais bien prendre à mon animal de Kabyle, mais il vaut mieux le laisser dormir: il aura à marcher demain. Les heures de la nuit s'écoulent rapidement.

Déja les maisons tremblent au passage des lourdes voitures charriant lentement, mais sans cesse, dans la mer les rochers de la Boutdjaréah, pour former l'enceinte du port. — Petit à petit l'oiseau fait son nid: un des môles est terminé; l'autre commence à s'élever du fond de la mer; je crois maintenant aux géants renversant des montagnes. Si je faisais encore des bonhommes, comme dans mon enfance, je croquerais notre habile ingénieur, M. Ravier, faisant rouler la Boutdjaréah dans la mer à l'aide d'un levier : la science, et d'un point d'appui : l'argent. Je digresse.

Une ronde de police passe sans bruit sous mes fenêtres : c'est un agent suivi de trois ou quatre hommes, recrutés parmi les différentes nationalités indigènes habitant momentanément Alger; ils marchent nu-pieds, armés de bâtons. Au moindre bruit la ronde s'arrête et court sus à tout individu d'allure suspecte; s'il se sauve, il est bien vite happé par ces espèces de limiers moitié renards, et conduit à la police, où M. le central, fort actif malgré son bel embonpoint, procède à son examen de conscience et autre.

Mais j'entends mon homme qui s'éveille à l'heure dite, sans autre réveil-matin que son instinct. Je le charge de ma selle, de mon porte-manteau bien bourré, de mon burnous et d'un *couffin* (panier en feuille de palmier-nain), remplis de pain et de petits biscuits de mer, et lui dis d'aller m'attendre à la Maison carrée, où j'irai le rejoindre en omnibus. Le jour me surprend rabattant une couture que je viens de faire à mon pantalon. Ce n'est pas tout; il faut que j'aille signer au greffe un ordre que j'avais donné à copier et qui ne l'était pas hier. Je prends sur moi trois bourses mauresques : une petite verte, où je mets 300 francs en or; une petite bleue, que je remplis de petites pièces de 4 sous, cadeaux destinés à mes petits hôtes kabyles, et une grande rouge, où je mets 100 francs en pièces de 5 francs toutes neuves et autres monnaies. Enfin, me voilà prêt; mais comme le temps a filé vite! il est onze heures du matin; je suis en retard!

Je monte en omnibus; quinze sous pour trois lieues; une Espagnole, du second âge, y a déjà pris place : elle a tout rempli de paniers de provisions, et paraît contrariée de ce que, entre elle et moi, je mets mes sacoches sur la banquette; elle s'impatiente de ce qu'on ne part pas; criaille; ne veut pas qu'on attende un troisième voyageur; nous partons. Bon! maintenant elle crie d'arrêter, parce qu'elle vient d'apercevoir un animal de son espèce, mais d'un autre sexe. Tout cela pour ses quatre sous. Il est bien heureux pour le pauvre monde que cet être-là ne soit pas millionnaire : il serait insupportable. Nous allons bon train. Ces pauvres petits chevaux arabes, tout vieux et tout éreintés qu'ils sont, vont cependant toujours au trot; c'est une excellente race pour le service et l'agrément.

La route d'Alger à Mustapha n'est, pour ainsi dire, qu'un faubourg; elle est très-fréquentée par des piétons, des cavaliers et des voitures. Celle de Mustapha à la Maison carrée l'est moins; elle traverse constamment des jardins maraîchers, en plein rapport et cultivés par des Espagnols, des Mahonnais et quelques Maures. Des *noria* (espèce de puits à chaînes dont la roue est mue par un mulet) servent à les arroser. Ces jardins fournissent déjà à Marseille et même à Paris des primeurs, tels qu'artichaux, petits pois; c'est une branche de prospérité algérienne sur laquelle on ne comptait guère. A droite, sont les charmants coteaux de Mustapha et de Kouba, aux flancs desquels sont parsemées coquettement des maisons de campagne mauresques toutes blanches, avec leurs bouquets d'orangers, de citronniers, de figuiers et de grenadiers. Au mois d'avril, ce paysage est très-joli, très-varié et très-riant; à gauche s'étend la mer.

Les Mahonnais (sous ce nom on entend les habitants des îles Baléares) valent pour la plupart, comme colons, mieux que les Espagnols du continent, et cela sous bien des rapports. Ils ont plus de douceur dans le caractère et dans les mœurs; ils sont plus laborieux, plus propres, plus rangés; les femmes sont souvent assez gentilles, pas très-grandes, mais bien faites. Ils ont le monopole du jardinage, et leurs filles celui de la domesticité. Je ne vous parle pas ici du jardin d'essai que je viens de longer; il y aurait trop à dire; il est très-vaste; très-bien entendu, et rend tous les jours de grands services à la colonisation.

Nous arrivons à la Maison carrée : c'est une construction mauresque. Imaginez-vous une grande cour entourée de bâtiments qui, à l'extérieur, ressemblent à des murs; elle est située non loin de la mer sur un tertre dominant une partie de l'immense et fameuse Mitidja. C'était, sous les Turcs, la résidence d'un poste qui surveillait cette plaine; au bas sont bâties une dizaine, ou plus, de maisons françaises, en grande partie occupées par des débitants; c'est là que doit m'attendre mon Kabyle. Je ne le vois pas apparaître : voyons au café maure; j'y reconnais sa mule et mon bagage. On me dit qu'il est retourné à Alger : il y a quelque petite ruse et quelque mensonge là-dessous; tant pis pour lui! j'ai sa bête et mon bagage; je partirai sans lui. Un jeune Maure offre de m'accompagner et de me louer son cheval. «Combien?» — «Dix francs.» — «Dix francs ta rosse! je ne voudrais pas de la bête elle-même à ce prix.» — «Cinq francs?» — «Non! — «Tant mieux, c'est autant de gagné.»

Le roumi, dont m'a parlé hier mon Kabyle, est un Maltais de vingt-cinq à vingt-sept ans, de bonne mine, proprement vêtu et muni d'un mulet en bon état. Nous partirons donc ensemble. .Le Maltais est actif, très-économe; il est portefaix, batelier, pêcheur, journalier même; il fait le commerce de détail; il se livre aussi avec succès et profit à la petite industrie des pâtes, dites d'Italie, et de la minoterie; toutefois, il est à surveiller pour le poids, la mesure et la qualité des marchandises; mais il n'est pas voleur, dans l'acception rigoureuse du mot, et encore moins assassin pour voler. Cependant, les individus de la populace sont vindicatifs et meurtriers, mais entre eux et par vengeance; lorsqu'ils se battent, ils se mordent comme des chiens et avec plus de cruauté, jusqu'à se couper un doigt, le nez, l'oreille, ce que peuvent atteindre les dents. Ils se donnent même des coups de couteau, moins proprement, il est vrai, moins mortellement que les Espagnols, qui sont passés maîtres dans ce genre de combat. Il est rare, en effet, qu'un Espagnol manque son homme du premier coup. J'ai eu occasion de faire quatre informations contre des Espagnols pour meurtres différents : tous quatre avaient tué leur homme d'un seul coup.

Mais revenons à mon Maltais. Il me dit son nom : c'est le fils d'un négociant d'Alger; il va à Delys, où il a établi un moulin. Je crois qu'il est bien aise de ma rencontre.

Ma mule est prête : au moment de partir, j'aperçois

de la fumée s'élever et s'étendre sur le bord de la route, à vingt mètres de nous; c'est un commencement d'incendie. J'accours et piétine des débris de paille et de foin prenant feu comme de l'amadou. Le cafetier arrive avec un bidon d'eau; mais le feu s'est étendu en couvant et reparaît à quelques pas. A trente mètres et sous le vent sont deux énormes meules de foin. Nous recommençons à piétiner et à arroser, et cette fois nous l'éteignons tout à fait. C'est, sans doute, quelque imprudent fumeur qui aura jeté un bout de cigarre encore allumé. Le propriétaire des meules nous doit un fameux cierge; il est fort heureux pour lui que le hasard m'ait arrêté plus longtemps que je ne le devais en cet endroit.

Mon jeune Maure me voyant décidé à partir sans lui, m'amène son cheval pour ce que je lui ai offert, et je l'enfourche. Lui monte la mule qui est passablement chargée; il la poussera mieux que moi. Nous n'avons pas de temps à perdre pour ne pas être surpris par la nuit.

A midi nous quittons la Maison carrée. A mesure que nous avançons, je suis frappé des progrès qu'ont fait depuis trois ans la colonisation et l'agriculture: de vastes terrains, couverts à cette époque de broussailles, sont aujourd'hui défrichés et mis en culture; on y a laissé seulement de jeunes oliviers sauvages. La route de la Kabylie, nouvellement ouverte, a porté le mouvement, la vie là où il n'y avait que solitude; elle facilite, elle rend possible l'enlèvement, l'extraction des foins des prairies, les produits des autres cultures, et assainit et fertilise les parties basses et marécageuses par suite de l'écoulement des eaux dans les fossés qui ont été creusés à ses côtés pour fournir au remblai de la route.

Nous passons devant la Maison blanche, puis devant un groupe de nouvelles maisons françaises. C'est un commencement de village au milieu des Arabes, dont les gourbis et les cultures sont situés aux environs. Dans quelques années nous saurons définitivement à quoi nous en tenir sur la possibilité de faire vivre les deux races en bon accord, juxtaposées. Je crois tout possible avec le temps et l'argent, je veux dire l'intérêt. Il est vrai que dans cette partie de la Mitidja, la race arabe n'est pas pure, elle s'est mélangée à la race kabyle, bien plus susceptible de progresser en agriculture et de s'assimiler par suite de quelque analogie de mœurs et de besoins avec nous.

A la différence de l'Arabe, qui n'a qu'une habitation mobile, sa tente, qui est surtout pasteur et ne cultive qu'à la charrue un sol dont il n'a pas même la propriété personnelle, le Kabyle est sédentaire, cultive à la charrue et à la houe la terre dont il a la propriété par suite d'héritage ou d'acquisition. — Ici l'Arabe, déjà mêlé au Kabyle, habite sous la tente et sous le gourbis, espèce de vaste chaumière faite de branchages mêlés de boue et couverte de chaume. Il cultive à la fois avec la charrue et avec la houe; il a des arbres et même des espèces de jardins clos de haies de figuiers de Barbarie.

Nous rencontrons un Arabe à cheval ; il nous offre un lièvre pour 30 sous : « En veux-tu 20 ? » — « Non.» — Il s'éloigne. — « 25 ? » Il revient au galop : marché conclu. Quoique mon Maltais me dise que nous trouverons à souper à la ferme de l'oued Corso (*oued,* rivière), il est toujours prudent de s'assurer des réserves : vaut mieux un plat de plus qu'un plat de moins, surtout quand on ne compte que sur un.

Nous mettons pied à terre devant un café arabe, situé à côté de la route près d'un figuier. C'est un gourbis à claire-voie d'un aspect pittoresque. Il y a assez nombreuse société de venants et d'allants, qui s'y arrêtent pour causer quelques instants, apprendre ou répéter des nouvelles. Les habitués de ces établissements, qui sont presque toujours sous la surveillance des bureaux arabes, sont accroupis, occupés, tout en jasant, les uns à extraire les filaments des feuilles de palmiers-nains, pour en faire des ficelles, des cordes, des couffins, des nattes ; les autres à tresser de minces lanières de cuir blanc, je crois de cheval, pour étrivières ; d'autres ne font rien du tout, si ce n'est bavarder. Nous prenons du café dans de petites tasses de faïence commune : c'est un sou la tasse.

Pendant que je regarde un cheval, le Maltais paie la consommation. Diable, quelle prévenance ! — Il est assez amusant, parle arabe comme un naturel et chante des chansons mauresques à la grande satisfaction de mon jeune Maure et des passants. Décidément il n'est plus question de mon Kabyle, je ne sais où il a passé ; mais il se retrouvera ce soir, car j'ai sa bête.

Nous sommes à huit lieues d'Alger ; la culture française a déjà pénétré au milieu des terres occupées et cultivées par les indigènes ; voilà encore une maison de ferme qui a été récemment bâtie ; de fortes meules de blés non encore battus se dressent heureusement devant la maison dans une espèce d'enceinte formée par un petit fossé : cela annonce la prospérité. Tout autour, et à une certaine distance, les terres sont cultivées.

A mesure que nous approchons des montagnes, la culture européenne disparaît, la culture arabe elle-même devient rare ; la terre est couverte de broussailles claires et peu élevées, parmi lesquelles on remarque l'olivier sauvage ; on pourrait en tirer bon parti en le greffant et en défrichant la terre. Le sol n'est pas de bonne qualité pour les céréales et exigerait beaucoup d'engrais pour le devenir. Il est raviné par les eaux torrentielles de l'hiver. Les broussailles, presque annuellement incendiées, sont parcourues et pâturées par les troupeaux. Faute de bons pâturages, le gros bétail devient rare ; la chèvre remplace la vache ; encore donne-t-elle peu de lait, étant petite et toujours à la recherche d'une maigre nourriture.

La journée s'avance, hâtons le pas.

Une femme chargée d'une outre et tenant un enfant

à la main, passe comme une ombre à travers les broussailles. Un homme, sans doute son mari, la suit à
cheval; il va le faire boire; la femme va chercher de
l'eau, elle, pour faire boire son mari. Je crois vraiment que si ce n'était une espèce de respect humain,
les hommes se feraient porter par leurs femmes, à
défaut d'animal de somme.

Quand je fais de ces rencontres, je suis saisi d'une
furieuse envie de tomber à coup de trique sur le tendre
époux, de le faire descendre et de faire monter l'épouse
à sa place. Si j'étais chasseur d'Afrique, je me serais
certainement donné ce plaisir.

Le feu est aux broussailles. Sa marche, ou plutôt sa
course déréglée, est lente, incertaine quand elle ne
rencontre que des herbes ou de rares broussailles;
mais quand, courant de proche en proche, elle tombe
sur des massifs épais d'essences inflammables, la
flamme se relève furieuse, grandit, tourbillonne en
pétillant, se replie sous le vent, et court ainsi en
effrénée tant qu'elle trouve de quoi dévorer ou jusqu'à
ce qu'elle soit arrêtée tout court par un ruisseau, un
ravin ou même un chemin.

Les Arabes trouvent fort commode et facile de se
débarrasser ainsi sans travail et sans peine de la végétation qui étouffe les herbes des pâturages, et de détruire les asiles des bêtes fauves qui ravageraient leurs
troupeaux. Ces incendies ont pour autre résultat non
prévu de purifier l'air à l'époque de l'exhalaison des
miasmes, et de détruire une infinité de sauterelles

et autres insectes à l'état de chrysalides, fort nui-
sibles à l'agriculture. Malheureusement ces incendies,
mal dirigés, font à la longue disparaître les arbres de
haute végétation, et rendent impossible la culture des
arbres fruitiers dans les champs ou les vergers.

Nous traversons le Boutdouaou, petit cours d'eau,
et, en passant devant un café arabe, j'achète pour
quarante sous trois perdrix, fraîchement tuées. Quel
festin nous allons faire ! Compte là-dessus !

La route qu'a fait ouvrir M. le gouverneur Randon
est fort bonne ; mais comme elle augmente la distance
pour diminuer la pente, je prends le vieux chemin
kabyle, fort mauvais, il est vrai, mais beaucoup plus
court.... bêtise ! quoique je le connaisse parfaitement ;
car la nuit tombe. Nous montons et redescendons ; puis
nous montons encore et encore redescendons, par des
sentiers de chèvres, vrais casse-cou.

Je me confie à ma bête ; mais bientôt je me surprends avec des préoccupations faméliques, des rêveries
stomachiques ; c'est qu'en effet, à force de marcher,
et surtout de ne pas manger, mon estomac s'est creusé
et doit se trouver à l'état de viduité le plus complet.
Ce matin à sept heures je me suis administré la soupe
du voyageur-campagnard, du chasseur : la vulgaire et
populaire soupe à l'oignon et quelques œufs, et depuis
lors rien que du café maure.

Enfin, voilà la ferme où je dois trouver un gîte et
un bon repas.

Nous descendons dans le lit presque entièrement à

sec de l'oued Corso; de l'autre côté une courte avenue
entre des plantations de mûriers et des champs de
tabac, nous conduit à la ferme. Nous entrons dans la
cour qui n'est encore qu'à demi-close par un mur;
plusieurs gens de travail causent sur la porte; j'avise
un monsieur dans l'ombre qui doit être le maître.

«J'ai bien l'honneur de vous saluer, Monsieur; on
m'a dit que je pourrais souper et passer la nuit dans
votre ferme?» — «Ma ferme n'est pas une auberge,
mais vous pourrez y passer la nuit : je ne puis vous
donner à souper; mon cuisinier est malade et le feu
est éteint; mais si vous voulez du pain et du vin... et
un matelas pour la nuit!..... Si vous étiez arrivé une
heure plus tôt, vous auriez partagé la table commune.»
— En voilà une invitation rétrospective fort consolante
et satisfaisante, à quelqu'un qui meurt de faim! —

J'entre dans une immense salle à manger, meublée
d'une table longue et de deux bancs. J'exhibe mon
lièvre et mes perdrix, espérant que les instincts gas-
tronomiques naturels à l'humanité se réveilleront chez
mon hôte: «J'avais apporté mon plat,» lui dis-je de
l'air le plus succulent possible, — rien! il ne sort pas
de là : «le cuisinier est malade,» etc.... Le malheureux n'a donc pas d'entrailles!

Si ce n'étaient les bêtes qui se reposent, et auxquelles on a donné du fourrage, je m'en irais coucher
à un café arabe à une demi-lieue plus loin. On apporte
une bouteille d'affreux vin, du vin à colique; j'ai mon
pain, je meurs de soif.

Mon hôte est d'une politesse obséquieuse, agaçante; à peine ai-je goûté à son affreux bleu, faute de bonne eau, qu'il me dit qu'il est l'heure du coucher, et qu'il ne peut laisser, par mesure de prudence, aucune lumière allumée; il paraît qu'il a horreur des lumières et du feu, mon hôte. Il m'offre de nouveau un matelas au premier étage; je me défie de son matelas; je le remercie, accroche mon gibier à l'abri des chats, dépose mon bagage et vais rejoindre mon Maltais dans la cour. Celui-ci m'offre d'un excellent melon d'Espagne, dont il a eu l'heureuse précaution de se munir; ces melons ont l'écorce lisse et verte; leur chair est blanche et rosée vers le milieu; elle est sucrée et d'un excellent goût, tout différent de celui du melon de France. Mon estomac, sec comme de l'amadou, s'accommode parfaitement de quelques tranches.

— Ah, voilà mon grand diable de Kabyle retrouvé. J'offre la goutte au Maltais; non, je crois au contraire que c'est lui qui me l'offre, et je me couche sur la paille. Quoique je n'aie pas fermé l'œil la nuit dernière, je dors fort mal; la course m'a échauffé, et je suis tourmenté par .... les puces.

e me lève avant le jour et vais chercher mon bagage. Pour payer mon écot, je laisse mon lièvre pendu à son clou et ne prends que mes perdrix pour déjeuner. En sortant, j'entends mon hôte qui, de sa fenêtre, me demande si je pars. Je le remercie infiniment de sa bonne hospitalité, car il ne veut rien pour son vin, et lui souhaite le bonjour :

«Chez les montagnards écossais, l'hospitalité se donne, etc.»

Ce n'est pas cher, mais c'est encore plus que ça ne vaut : je préfère l'hospitalité kabyle; quand je repasserai, je coucherai peut-être à la porte de ce bon chrétien, mais je n'entrerai pas.

Mon Kabyle est debout; c'est maintenant mon seul compagnon : le Maure est reparti avec sa rosse. Je me hisse sur le bagage dont la mule est chargée et nous partons.

Le jour se lève, nous sommes en pleine montagne. Nous voici en Kabylie! La route, qui est carrossable, va s'élevant à travers des lieux très-pittoresques.

La végétation des montagnes n'est pas très-forte, très-épaisse. Il y a des parties qui en sont dépourvues; les essences dominantes sont l'olivier sauvage, le chêne liége, et, dans le fond des vallées, au bord des sources ou des ruisseaux, le frêne, le laurier rose et des plantes telles que la vigne sauvage. De temps en temps on aperçoit des champs cultivés. Le reboisement de ces montagnes serait très-facile si on pouvait les préserver des atteintes des troupeaux et surtout des hommes; il n'y aurait qu'à laisser faire la nature et l'abandonner à elle-même.

Nous nous arrêtons quelques instants dans un café arabe, près d'une petite maison habitée par un indigène cantonnier et surveillant de la route. Cette fois je paie le café au Maltais. On parle politique dans l'établissement : c'est la question d'Orient qui est sur le tapis; on me demande des nouvelles de Moscou; c'est ainsi que les Arabes désignent les Russes. Ils les connaissent par leurs rapports, lorsqu'ils vont en pèlerinage à la Mecque, avec les musulmans qui sont sous la domination russe.

Après une heure de marche, nous quittons la grande

route, et nous débouchons au-dessus d'un assez vaste bassin, au milieu duquel coule l'Isser, et où viennent aboutir plusieurs vallées. Nous passons sur le revers d'un mamelon, qui attire mon attention. Au point culminant je crois reconnaître des traces d'ouvrages militaires. Voyons! mon Kabyle me parle du maréchal *Bijaud*.

Au sommet, une espèce de retranchement a été élevé du côté de l'Isser; derrière, était la tente du maréchal; de là il dominait tout le pays et les issues du bassin. Son infanterie garnissait tous les côtés du mamelon, qui en cachait une partie à l'ennemi. Abd-el-Kader, qui avait remué les Kabyles et comptait beaucoup sur leurs fantassins, se tenait de l'autre côté de l'Isser avec tout son monde régulier et autres, Kabyles et Arabes. Après quelques escarmouches, le général Bugeaud, tenant son ennemi à bel, le fit vigoureusement charger. Ce fut l'affaire d'un instant : la fameuse infanterie régulière fut détruite en un clin-d'œil. Abd-el-Kader, malgré tout son courage et son habileté, ne fit que paraître et disparaître. Son prestige s'évanouit avec lui aux yeux des Kabyles, qui s'attendaient à la victoire et au pillage. Voilà ce que je crois comprendre de ce que me dit mon Kabyle, qui était alors spahis régulier au service d'Abd-el-Kader, et qui décampa au plus vite comme les autres.

Quoique je n'entends absolument rien aux choses de guerre, il me semble cependant que le point d'observation du maréchal, sur lequel je m'arrête quelques instants, était admirablement choisi. Il dominait la vaste vallée de l'Isser et tous les affluents des autres petites vallées qui viennent y aboutir; il voyait arriver, déboucher de ces affluents les contingents des tribus kabyles dans ce lieu de rendez-vous général; il voyait et comptait pour ainsi dire leurs forces, cavaliers et fantassins. Il dominait leurs mouvements; il avait la rivière à ses pieds pour ligne de défense et pouvait la traverser où et quand bon lui semblerait pour, selon l'opportunité, tomber sur son ennemi.

De son côté, Abd-el-Kader avait aussi calculé son affaire en vrai Bedouin. En acceptant le combat à vingt lieues d'Alger, au milieu de montagnes habitées par des montagnards courageux, fanatiques, acharnés au pillage, jusqu'alors invincibles, combattant chez eux et connaissant parfaitement le pays, vainqueur il rendait la retraite de son ennemi sinon impossible, au moins très-difficile et surtout très-meurtrière, à travers des montagnes boisées, coupées de ravins, de fourrées, sans routes, sans lieu de ravitaillement, etc. Vaincu, il échappait facilement, lui et tout son monde, à toutes poursuites en se jetant dans les montagnes, où les Français ne pouvaient sans danger, sans imprudence se fourvoyer à sa poursuite. Comme vous le voyez, son plan était habile. Mais sur le terrain le coup-d'œil militaire lui manqua; il avait aussi à faire à un maître. Je crois me rappeler que notre cousin, le chasseur d'Afrique, m'a raconté ce combat. C'est son escadron qui a sabré l'infanterie plus ou moins régulière de l'émir.

Mais va donc ton chemin, pékin; aux affaires de guerre, tu n'entends rien.

Nous descendons vers l'Isser, laissant à droite un marabout, situé sur un plateau entouré de magnifiques oliviers, plusieurs fois séculaires; ce plateau sert de·marché. Nous traversons l'Isser, dont les eaux sont jaunâtres, pour aller déjeûner dans le lit d'un ruisseau, ombragé de lauriers roses, près d'une source, à moi connue, d'excellente eau; plusieurs Kabyles, en moisson, viennent y boire et se plaisent à puiser l'eau avec une de mes tasses en fer battu.

Mon Kabyle allume du feu et plume mes perdrix. Le malheureux les fait rôtir sur la flamme; la peau crevasse, se noircit, le fumet s'évapore! Décidément, si on devient cuisinier, on naît rôtisseur. J'aurais dû surveiller la broche; c'est une faute.

Il est dix heures. La chaleur est très-forte dans cette vallée. J'aperçois à quelques distances des traces de ruines, que je suppose être romaines. J'appelle un petit berger, dont le troupeau de chèvres s'est groupé, à cette heure de somnolence, sous l'ombrage d'un arbre. Mon Kabyle lui crie de m'apporter du lait. Il m'apporte bientôt, dans une espèce de pot de terre, du lait de chèvre tout frais, ou plutôt tout chaud, blanc, mousseux et d'un excellent goût. Je lui donne une petite pièce de quatre sous; ce que voyant, d'autres enfants s'éloignent, sans doute pour aller m'en chercher à leur tour.

Une petite fille passe la tête entre les branches, et me regarde à la dérobée et en dessous avec une expres-

sion instinctive de curiosité féminine. — Je lui fais
signe d'approcher; elle hésite. — Je lui montre un
morceau de sucre, grand moyen de séduction. Les ga-
mins l'encouragent; le père survient; il tend la main.
— « Ce n'est pas pour ton nez; il serait capable de le
manger.» Elle vient, tend son petit bras, sourit, puis
s'en va en grignotant son sucre.

Mes perdrix ont un détestable goût de fumée et de
brûlé. En revanche, je fais de l'excellent café au lait,
puis du café pur, dont j'offre une tasse au père de
ma petite.

Mon Kabyle trouve moyen de me soutirer quelques
sous indirectement : il me dit que le Maure qui, la
veille, m'avait loué le cheval, lui a fait manger toute
la provision d'orge; il m'en fait acheter à un Kabyle
pour douze sous, ce qui en vaut quatre; il partagera
sans doute avec lui.

Nous repartons, et, gravissant une montagne, je
mets pied à terre pour ne pas éreinter la pauvre mule.
La montée est rude et la chaleur excessive. La sueur
me sort des pores comme d'une fontaine; cela me fera
du bien. Mon Kabyle lui-même a la chemise collée sur
le dos et trempée de sueur. Après une heure de rude
montée, nous arrivons au haut de la montagne. Quelle
solitude! Nous nous arrêtons pour laisser souffler la
bête.

Je m'abrite sous une espèce de pommier sauvage.
Mon homme s'étend au soleil, mon fusil près de lui;
il n'a pas une trop bonne figure, mon Kabyle; aurait-i

une mauvaise pensée? Par prudence, je ramasse mon fusil, et fais jouer la batterie, comme si j'apercevais une pièce de gibier.

Les arbres et arbrisseaux ont disparu. Nous côtoyons à une certaine hauteur une petite chaîne de montagnes, ayant à notre droite une vallée élevée, cultivée, et au delà une autre chaîne parallèle.

Nous traversons des ruines romaines, couvrant un terrain en promontoire sur la vallée. Plus loin, nous passons près d'un champ de *pechena*, aux tiges ressemblant à celle du maïs; c'est une espèce de millet, qui sert à faire de mauvais pain. A mesure que nous avançons, les cultures reparaissent. Les femmes sont aux champs : en voilà trois jeunes sur une hauteur, qui battent du blé avec des bâtons, en chantant et en tournant tout autour du tas. Mon Kabyle échange avec elles des plaisanteries. Elles nous demandent si nous voulons venir les aider..... Merci, pour le moment! attendez-nous, en repassant! — Plus loin, en voilà deux qui ramassent de petites gerbes, formées d'une demi-douzaine d'épis, liés avec la paille de l'un d'eux. Pour entrer en communication, j'envoie mon Kabyle leur demander de l'eau et leur promettre un morceau de sucre. Le Kabyle parlemente et m'appelle. Je m'approche; elles n'ont jamais vu de roumi de près. L'une d'elles me présente sa cruche; c'est la plus jeune: elle est jolie; ses traits sont délicats et fins; sa voix est douce et musicale. Les draperies de leurs vêtements, de formes très-simples, sont parfaitement sales; c'est de la toile de coton, jadis blanche, et qui n'a jamais été lavée. Je donne à la jeune un foulard de cinq sous, rouge et jaune. Quelle joie d'enfant!

Nous avons rejoint la route. Elle longe un champ de pechena, au milieu duquel est une espèce d'abri, de guérite en branchages, où veille pendant la nuit le maître du champ pour le préserver des maraudeurs, bêtes et gens.

Nous recommençons à grimper, mais par une belle route en zigzag, où il y a même de petits travaux d'arts, tels que murs ou soutiens en pierres sèches. Cela me fait grand plaisir. Des routes, des routes et toujours des routes. Cent mille francs de routes valent dix mille fois mieux pour la pacification et la civilisation qu'un million de poudre.

Ici les montagnes sont assez bien boisées. L'essence dominante est le chêne liége; sur le sommet est une petite plate-forme, où le capitaine Beauprêtre a fait construire une petite maison pour servir de demeure à une espèce de cantonnier kabyle et à sa famille. Il en sort des enfants et surtout une petite fille de deux ou trois ans, charmante et pleine de santé.

Nous n'avons plus qu'à descendre, et dans deux heures nous serons à Dra-el-Mizan; mais la nuit approche et marche plus vite que nous. Il est dit que je n'arriverai jamais de jour à Dra-el-Mizan; hâtons le pas.

Enfin voilà le nouveau castel du commandant Beauprêtre, qui s'étale tout frappant neuf, au pied du

Djurjura, au bout de la vallée. J'aimais mieux l'autre pour le pittoresque : un réduit en pierres liées de boue, au toit de planches recouvertes de terre ; on y était noyé et gêlé pendant l'hiver, cuit et grillé pendant l'été. Il était entouré d'un fossé avec relèvement en terre formant rempart. La garnison se composait, en fait de troupes régulières, d'un caporal et quatre hommes ; un à chaque coin de la forteresse. Le goum du capitaine et ses fantassins, irréguliers kabyles, étaient répartis sur divers points d'observation. Je crois même qu'au début le commandant n'avait qu'une tente. Vue du haut du Djurjura, sa forteresse devait ressembler à une taupinière.

Le Djurjura, vu d'Alger, apparaît comme un bloc gigantesque de rochers aux crêtes aiguës et dentelées ; il se dresse du milieu du vaste massif de montagnes kabyles, dont Alger et Bougie du côté de la mer, Aumale et Sétif du côté du continent, marquent les limites. Lorsqu'on s'en approche, on reconnaît cependant que ce bloc n'est qu'une agglomération de monts séparés par des vallées ou des ravins profonds. C'est comme une petite chaîne qui s'élève sur le massif des autres montagnes kabyles, dont elle est le point culminant.

Cette chaîne, beaucoup plus longue que large, se dirige de l'ouest à l'est. Au sud une vallée profonde reçoit tous les ruisseaux qui en sortent et viennent y former la rivière de l'oued Sael, laquelle va se jeter, sous un autre nom, dans la rade de Bougie.

Du côté nord, la chaîne est aussi bordée, sur une assez

grande étendue, par une vallée dont les eaux courent de l'est à l'ouest, direction inverse de la précédente, et paraît se terminer à l'est par une impasse fermée par la montagne. C'est cette contrée qu'on appelle la Haute-Kabylie et que depuis longtemps j'ai le désir de visiter.

Là sont de nombreux villages habités par des tribus indomptées, parmi lesquelles se distingue l'énergique confédération des Zouaouas, où j'ai quelques amis et que j'ai depuis longtemps l'intention de visiter.

Toutes ces tribus se vantent de n'avoir jamais eu de maître étranger depuis le commencement du monde. Mais si nos armes n'y ont pas encore pénétré, l'habile tactique du capitaine Beauprêtre y a déjà fait pénétrer notre influence. C'est de son atôme de forteresse, qu'à force d'habileté innée, mais développée par l'expérience des hommes et des choses, à force d'énergie et de persévérance, il est parvenu à dominer ces gigantesques monts et leur belliqueuse population. Il a su, en employant la terreur, la justice, la persuasion, l'intérêt, entamer et disjoindre cette fameuse confédération des Zouaouas.

Le capitaine Beauprêtre aurait pu s'établir dans un fort abandonné, à trois lieues plus avant, mais il a préféré s'établir où il est; ce qui dénote de sa part une merveilleuse sagacité militaire et même politique. Du fort il ne pouvait agir promptement que sur le côté nord du Djurjura : en choisissant Dra-el-Mizan, il s'enfourche à la naissance de la chaîne de manière à pouvoir surveiller les populations des deux versants et à agir et tomber dessus rapidement et à l'improviste. La surveillance et la rapidité de répression préviennent bien souvent de vastes et terribles conflagrations ; c'est la goutte d'eau éteignant à temps l'étincelle. C'est le système de mon capitaine : il a commencé par se faire quelques amis, qui étaient souvent les plus faibles et avaient conséquemment à se venger des plus forts. Aidé de leurs connaissances des hommes et du pays, il tombait sans bruit sur les tribus ennemies et les rasait ; puis aussi, comme César dans les Gaules, sachant profiter des germes de division qui existaient entre les tribus, il est arrivé à disjoindre leur confédération hostile et à y jeter à la fois une défiance réciproque et de la confiance en nous.

Il a bloqué les plus récalcitrants dans leurs montagnes et les a empêchés de venir sur les marchés arabes et kabyles faire le commerce ou louer léur travail, seul moyen d'existence de beaucoup, car leurs terres ne produisent pas assez pour leur consommation. En leur coupant ainsi les vivres, il a fait réfléchir quelques-uns des plus belliqueux et les a ébranlés.

Du reste, il est homme d'action autant que politique : un jour des hommes d'une tribu amie arrivent vers lui en toute hâte et frayeur, lui apprendre qu'ils sont attaqués par de plus nombreux et qu'ils sont perdus s'il ne les secourt. — Il n'avait personne ; comment faire ! Il parvient à réunir quelques hommes déterminés et fond sur le village des agresseurs dégarni d'hommes, qui sont obligés d'accourir défendre leurs foyers. Mon

capitaine, qui n'avait qu'une poignée d'hommes, s'é-
clipse. Le coup était fait : les amis étaient sauvés.

Il y a environ deux ans il a amené une vingtaine
des hommes les plus influents des tribus à faire leur
soumission à Alger.

Bon ! la nuit est tombée et je n'arriverai pas pour
dîner ; quel dommage ! car j'ai fameusement faim et
soif ; nous approchons, il est vrai, mais à cette heure
je ne trouverai pas le capitaine dans son castel : il doit
être dans son jardin.

Je laisse ma bête au Kabyle et monte à travers
broussailles et rochers, guidé par mon estomac. Je
crois sentir une odeur de cuisine, de dîner : ce que
c'est que l'imagination ! — M'y voilà ; je me dresse à
la porte du salon de feuillage comme une apparition ;
j'y trouve mon capitaine et M. Devaux, son spirituel et
gai lieutenant, prenant du thé et fumant en devisant.
— Diable, il est trop tard : du thé et des cigarres peuvent être fort bons, pour ceux qui l'aiment, après le
dîner ; mais pour dîner, de la fumée et un digestif sont
peu réconfortant. Heureusement il reste encore quelque
chose. Nous jasons un peu, puis on va se coucher.

Ma foi, je n'en suis pas fâché ; voilà deux nuits que
je ne dors pas. Je vais au castel : une belle chambre,
un excellent lit .... quel confort !

uand je me réveille, il fait grand jour; le capitaine s'apprête à aller faire un tour à un marché kabyle, qu'il a créé pour faire concurrence à un autre, qui se tient dans une tribu ennemie, et tâcher de le ruiner.

Je le laisse partir, car je ne suis pas fâché de me reposer un peu, et puis j'apprends à l'instant que mon ami Sidi-Djoudi, le bachagat des Zouaouas, vient d'arriver, et je veux le voir. Je le trouve dans un réduit long de cinq mètres, large de quatre, ayant pour mobilier une vieille caisse vide et une cruche... remplie d'eau, il est vrai. C'est là le salon de réception, la chambre à coucher et la salle à manger qu'offre l'hospitalité française aux chefs kabyles.

Sidi-Djoudi est là assis, ou plutôt couché, avec les siens; El-Hadj* Hamiche, son vieil et fidèle ami, la bonne tête dans le conseil, le bras fort dans le combat, la bonne langue dans les assemblées, et partout le bon compagnon : c'est un vieux diable fort ori-

---

* El-Hadj signifie Pèlerin de la Mecque.

giual; nous sommes amis intimes : je vous en reparlerai; le bonhomme Lahoussin, le secrétaire intime du bachagat : c'est le taleb, le jurisconsulte, le lettré, la plume de son patron ; Idir, le chaouch de Sidi-Djoudi, son serviteur, son écuyer; Saïd, le secrétaire de son fils, esprit vif, intelligent, gai, railleur. — Nous les reverrons.

Après les compliments, salamalecks kabyles, auxquels j'ajoute les poignées de main françaises, je m'assieds à côté de Sidi-Djoudi. Alors recommence la série interminable de compliments que ne peut se dispenser de faire un Kabyle qui sait son monde. Il m'offre des poires âpres, qui dessèchent le gosier et font tousser, des figues vertes et des tranches d'espèces de courges non mûres et détestables. Il me propose de m'emmener avec lui dans son village dans la Haute-Kabylie, où nos armes n'ont point encore pénétré... — «Tais-toi, tais-toi, de la prudence! je ne demande que cela; mais nous en reparlerons.»

L'année dernière, le capitaine, qui se considère comme responsable de la sûreté de ses hôtes, m'avisa, en forme de conseil, que si je tentais l'ascension du Djurjura, il me ferait relancer pas ses limiers. Cette année, je tâterai le terrain, et, au besoin, j'éluderai un refus formel en filant sans rien dire, si cela est possible. Ce soir, après le dîner, entre le café et le petit verre, nous verrons.

ien encore d'arrêté pour mon expédition; il faut donc que je me repose une journée de plus. — Je visite le castel, qui peut renfermer une soixantaine d'hommes d'infanterie, et qui est divisé en deux parties : la maison du commandant avec ses dépendances et la caserne; une bonne fontaine a été amenée dans la cour. Il forme à l'extérieur un carré de murailles percées de meurtrières. Ses angles sont disposés de manière à se défendre réciproquement l'un par l'autre.

Les constructions du castel paraissent répondre à tous les besoins civils et militaires, car elles ont des destinations mixtes. C'est, je crois, en architecture, une difficulté vaincue. Mais l'aspect extérieur de l'ensemble est un peu lourd et manque de cachet architectural. Une douzaine de maisons se sont déjà élevées à cent mètres sous ses murs. C'est la maison du meunier, du boulanger, du boucher, de l'épicier, du forgeron, zouave, sans retraite; c'est le café de la place, etc. Le bourg compte déjà une naissance et pas de décès.

M. Devaux, le lieutenant de M. Beauprêtre, a, avec ses deniers et ses loisirs, défriché et défoncé un terrain assez vaste, qu'il a transformé en jardin verger. Il y cultive des légumes, des graines, des arbres, des vignes, etc. Il a son parterre, sa pièce d'eau, sa grotte de Vénus, etc. C'est une très-heureuse et très-utile création. Elle pourra devenir plus tard un jardin d'essai, une pépinière pour les Kabyles, qui cultivent déjà les arbres, les vignes, mais qui n'ont pas les pommes de terre et nos autres légumes, ni la plupart de nos bons arbres fruitiers.

J'entre dans la salle du conseil, et j'y trouve le capitaine et son lieutenant en grande délibération: c'est demain le quinze août, et il s'agit d'arrêter le programme des fêtes : Au point du jour, une salve de vingt-cinq coups de canon annoncera la fête, le grand jour. — «Mais, mon commandant, j'avais cru jusqu'à présent que pour tirer le canon il fallait en avoir; et quoiqu'il y ait de la place pour en mettre de petits sur vos murailles, cependant je n'en ai vu aucun...» «Mon doux juge, permettez, vous êtes, sauf aussi le respect que je vous dois, bien arriéré; car vos raisons sont des raisons du temps de Henri IV, le vert galant; de nos jours, et surtout en Afrique, quand on n'a pas de canons, eh bien, on en fait. Vous n'avez donc pas vu dans la salle d'armes ces énormes fusils de rempart, qui lancent des balles creuses, de vrais obus, plus loin que

les canons eux-mêmes; eh bien, en voilà des canons!»
— «Pardon, mon commandant, je ne dirai plus rien.»
Passons aux autres articles du programme : Grande
fantasia! On appelle sidi Schérif, le colonel général
de la cavalerie kabyle du commandant: «Schérif, vous
ferez la fantasia avec vos vingt-cinq cavaliers.» Schérif,
qui est un pur-sang arabe, et qui est lui-même un
brillant cavalier, sourit d'un air de mépris à l'idée de
faire faire la fantasia aux recrues kabyles : «Si vous aviez
encore vos cavaliers mokranis, ce serait facile, mon
commandant; mais avec les vingt-cinq recrues kabyles,
ce n'est pas possible; ils n'ont jamais monté que des
mulets ou des ânes; vous savez bien, mon commandant, qu'un des meilleurs, en descendant dernièrement
derrière vous une montagne au galop, a roulé, le mala-
droit, au fond d'un ravin; il est mort! m'écriai-je;
mais non, c'est le cheval, un bon cheval!.... Quant au
Kabyle, il a eu plusieurs choses de sa personne enfon-
cées et cassées; il a même laissé une bonne partie de
sa peau, ou plutôt de son cuir, aux broussailles et aux
rochers; mais il n'est pas mort. Ces Kabyles, tant
que ça n'a pas la tête coupée, ça vit toujours. Mon
commandant, j'aime mieux faire la fantasia à moi tout
seul, pour mes vingt-cinq hommes.»

Et le *Te Deum!*... — Pas la plus petite église, le
plus petit autel. Pour chanter les grandes gloires chré-
tiennes et nationales de la France, rien qu'un zéphir,
doué, dit-on, il est vrai, d'une assez belle haute-contre
et d'une figure de demoiselle, ce qui ne l'empêche pas

d'être un affreux chenapan, ... et son camarade, gros ivrogne, à la face rubiconde, à la voix de stentor. Ces bons chrétiens se vantent de posséder à fond le plain-chant : nous en reparlerons.

Quant à un bal, il n'y faut pas songer : cinq dames pour cinquante cavaliers (ces cavaliers sont des fantassins du premier de la première du premier bataillon d'Afrique, dits *zéphirs*)! dix cavaliers pour une dame : ça se gâterait!

Distribution de vin, café — double ration; levée des punitions légères; grande revue par M. le commandant, escorté de son chef d'état-major, M. Devaux. — Gare les boutons de guêtres! c'est qu'il ne plaisante pas sous les armes, le commandant.

Je laisse le conseil en délibération. Mais maintenant — comment tâter le commandant? ce n'est pas chose facile, car il est retord et pénétrant en diable, le commandant; de la prudence, du tact; ne compromettons rien; évitons toute réponse formelle; car s'il dit non, me voilà cloué au bloc, comme il dit. Dissimulons pour mieux feindre : «Mon commandant, je reconduis demain Sidi-Djoudi jusqu'au bordj Bouteira; puis je pousserai sans doute jusqu'à Aumale, pour voir la grande fantasia en l'honneur du quinze août.» — Le commandant se défie. — Diable; *motus* sur mes projets. Redissimulons! — «Bonne nuit, mon commandant.»

e me lève de grand matin et sors en tapinois. Sidi-Djoudi s'apprête avec ses gens. Je fourre mon porte-manteau dans un tellis; mets mon tapis de Mascara et mon burnous noir sur le bât d'une mule de Sidi, et mon individu par-dessus le tout, à l'aide d'Idir, qui me donne le pied. Enfin, me voilà donc en selle, c'est-à-dire, en bât, jambe de ci, jambe de là, sans étriers, le sac de chasse au dos, le fusil en travers.

« Partant pour la Syrie,
« Le jeune .... etc. »

La métaphore est par trop hasardée, ni jeune, ni beau; c'est égal.

Me voilà donc enfin parti pour la grande Kabylie, m'abandonnant aux mains et à la merci de Sidi-Djoudi et des siens. Ma foi, à la grâce et à la garde de Dieu! Le jour est de bon augure; car c'est aujourd'hui le quinze août, la grande fête de la France!

Le christianisme célèbre aussi la fête de la femme chrétienne; le christianisme, cette sublime et grande religion qui, pour tirer l'humanité du culte de la matière et des passions, mauvaises bien entendu, et la régénérer moralement, l'a prise à sa naissance, à sa source, dans le cœur d'une humble femme..... Qu'est-ce que toutes ces autres religions, l'islamisme surtout, quoiqu'il ait été un progrès — qui refusent, en ce monde, à la mère de famille, à l'épouse, à la jeune fille, une place dans le temple, et, dans l'autre, une place honnête en paradis, que je vous souhaite, mes chers frères et sœurs. Amen.

La matinée est magnifique; l'air pur et pénétrant. Nous montons, laissant les pics dentelés du Djurjura se dresser menaçants à notre gauche. Nous allons le tourner, puis monter sur sa tête; il y a assez long-temps qu'il me défie sur ma terrasse. C'est à l'extrémité de la vallée qui longe le Djurjura au nord, qu'est situé le village de Sidi-Djoudi. Le chemin par cette vallée serait bien plus court et direct; mais il n'est pas sûr, parce qu'une tribu intermédiaire est en vendette avec celle de Sidi-Djoudi. Nous sommes donc obligés de faire un long détour. Cela ne me contrarie que parce que mon temps est limité. Maintenant

nous descendons; la route a été faite par nos soldats,
sur le tracé de M. le commandant du génie Domergue.
Elle coupe en zigzag des pentes, tapissées çà et là
de gourbis, des bouquets de figuiers et d'oliviers en
rapport, au milieu d'une végétation vivace, mais
rabougrie, de chênes liéges, de lentisques et d'oliviers
sauvages. Nous descendons ainsi au fond d'une vallée
étroite tourmentée par un torrent, maintenant à peu
près à sec. Nous en remontons le lit, qui est rempli
de gros cailloux et bordé de lauriers roses. Les pentes
des montagnes, dont nous longeons les pieds, sont
garnies de broussailles. J'aperçois cependant des champs
et des gourbis.

Nous cheminons doucement, comme il convient à
un grand marabout et à un grave magistrat (je ne
suis pas encore passé à l'état de vénérable), Sidi
faisant cependant le superbe sur son beau cheval
noir, Saïd s'essayant sur un jeune cheval un peu
ficelle, Lahoussin, le vieux kodja et cadis tout à la
fois, huché sur une grosse mule blanche, chargée en
outre du bagage du patron; Idir faisant l'agréable sur
un petit cheval blanc, très-vieux, mais qui a dû être
très-joli : il est encore plein de vigueur, ou, au moins,
d'ardeur, et votre très-humble serviteur, se tenant en
équilibre sur une petite mule assez bonne. Je ne parle
pas de deux cavaliers du voisinage, qui nous font la
conduite. — Qu'arrive-t-il donc? Sidi prend le trot,
puis le galop; les autres le suivent. Le vieux kodja et
moi, les laissons aller, et continuons au tout petit trot

de nos bêtes, sagement, modestement, comme gens
de plume et de robe; mais nos mules s'impatientent
et ne veulent plus rester en arrière. Les voilà parties
de leur grand trot et galop saccadés. J'ai fort à faire,
et si je tiens bon, je serai bien heureux; en descendant, je me vois roulant par-dessus la tête de ma bête
comme un paquet; en montant, par-dessus la queue.
Les jambes écartées de ci et de là, sans étriers; une
main à mon fusil, l'autre à mon sac de chasse, et rien
qu'un pouce de crinière. Je ne me tiens, ou plutôt je
ne tombe pas, que par la force de l'équilibre : je saute
comme une boule sur un bilboquet. Je ne sais comment cela finira. Heureusement Idir me suit à quelque
distance, pour me ramasser, sans doute, le cas échéant:
attention délicate; il ne ramasse que mon burnous,
qui s'est envolé : je crois vraiment qu'ils me rasent.
Si j'avais un bon cheval, comme je les chargerais, les
fanfarons! Je ne peux cependant pas m'empêcher de
rire en voyant le vieux Lahoussin galopant, ou plutôt
galopinant, à mes côtés, huché et ramassé sur le
devant de sa mule ; il sautille aussi, mais sans
chavirer; il n'est pas élégant, mais il tient bon.
Quelle bonne touche! De son côté, il rit de me voir
rire, ou, peut-être, de ma contenance, car je dois
être aussi assez gentil. Enfin Sidi s'arrête, et avec
lui le reste. Ouf! il était temps. Sidi me regarde d'un
certain air de satisfaction.... — « As-tu vu....? » —
il n'est pas très-fort, cependant, Sidi, à cheval;
à mulet, je ne dis pas. Saïd est plus expansif; il est

enchanté de lui ; il n'est pas difficile, car il monte
à cheval comme une pincette : c'est égal, il est ra-
dieux. Mais, voyant Idir arriver le sabre à la main,
en faisant une fantasia furibonde sur son petit cheval
blanc, sa figure se rembrunit. Évidemment il est vexé
et jaloux d'Idir. Idir me rapporte mes effets. Si nous
avions avec nous Scherif, le colonel général des vingt-
cinq hommes du capitaine, il prendrait en pitié nos
fanfarons Kabyles, qui ont la prétention de s'impro-
viser cavaliers arabes.

Vers neuf heures, Sidi quitte la route et entre dans
un champ de blé coupé, à l'abri d'un arbre. Il descend
de cheval, et on étend à terre les tapis. On fait halte
pour déjeuner, me dit-on. Est-ce une décevante
plaisanterie ? Car tous ces gaillards n'ont rien apporté
avec eux que leur appétit.

Nous sommes dans une solitude, et *in conspectu...
nullum....* Cependant Saïd a l'air satisfait d'un gourmand qui compte sur quelque chose de bon et qui
est sûr de son fait. Ses grosses lèvres s'épanouissent
et sourient avec sensualité et gourmandise, en laissant voir deux rangées de superbes dents, brillantes
de blancheur et taillées à manger un bœuf. Mais le
déjeuner où est-il ? d'où viendra-t-il ? — à moins
qu'il ne nous tombe du ciel, comme autrefois la
manne dans la bouche des Juifs..... — Ah, j'aperçois
de l'autre côté de la vallée, accrochés aux flancs de
la montagne, quelques gourbis. On les hèle.... la conversation commence à travers les airs, à coup de voix,

à grandes forces de poumons. C'est sans doute de ce
côté que va nous venir la pâture :

« Aux petits des oiseaux, etc. »

On ne s'entend pas, à ce qu'il paraît ; un cavalier
part au galop en parlementaire avec Si el hadj Saïd,
qui ne perd pas une occasion de se montrer à cheval.
Il revient bientôt la mine allongée : on ne déjeûne pas.
Le caïd et ses hommes sont à la grande fantasia d'Aumale, et, en leur absence, les dames ne reçoivent pas ;
c'est l'usage :

« La prudence est la mère de, etc. »

Les bêtes sont rebridées ; les tapis remis sur leur
dos et les compagnons se remettent en route, avec
un fond marqué de mélancolie et de désappointement,
quoiqu'ils aient l'air de vouloir rire du contretemps.
Mes gaillards, mes affamés, très-sobres chez eux,
et pour cause, s'attendaient à se biturer grande-
ment et joyeusemet. Nous déjeunerons chez le caïd
de bordj Bouteira : encore quatre petites lieues. La
conversation est languissante : rien ne rend bête
comme la faim, et surtout une faim déçue.

Nous quittons le lit du torrent et grimpons à droite.
Nous passons près d'une source de bonne eau, cou-
lant goutte à goutte. Hommes et bêtes y boivent, mais
en y piétinant. Nos soldats, en faisant la route, auraient
bien pu couper un chêne dans le bois, qui commence

à quelques pas, pour charpenter un abreuvoir, comme je l'ai vu faire dans la forêt de l'Edougk, du temps du général Randon. Ils auraient ainsi laissé un souvenir utile et durable de leur passage, dont on aurait parlé et profité. A ce propos je ne puis m'empêcher de faire une observation. Si nos colonnes opérant en Afrique sont armées pour la guerre, elles devraient l'être aussi pour la paix; car aujourd'hui il ne s'agit plus seulement de conquérir, mais aussi et surtout de pacifier. Ainsi nos soldats devraient-ils être munis des instruments et outils nécessaires pour faire en vingt-quatre heures un pont sur un ravin, qui épargnerait bien des fatigues, des détours; un abreuvoir, un bassin pour réunir les eaux précieuses d'une source, qui se perdent dans le sable, très-souvent, presqu'au point de départ. Nous arrivons au haut de la montagne à travers un bois où domine le chêne zêne. Le sol n'étant pas profond, les arbres ne sont pas très-élevé, mais ils sont vigoureux et de bonne séve. Le sous-bois est parfaitement garni de semis naturels de la même essence, très-vivaces et ne demandant qu'à pousser. Tous les sommets élevés des environs et leurs pentes sont assez bien boisés de chênes liéges rabougris ou plutôt souffrant des atteintes de l'incendie. C'est l'essence dominante. Quand on sera parvenu à empêcher les incendies, ces montagnes se peupleront d'elles-mêmes de bois, qui malgré toutes les causes de destruction, incendie et troupeaux de chèvres, cherchent sans cesse à couvrir le sol. Malheureusement toutes les années bois et broussailles sont mis, non en coupes réglées, mais en incendies réglées ou plutôt déréglées.

Nous sommes arrivés au haut de la chaîne ; nous la traversons et redescendons par l'autre côté. Nous apercevons le bordj Bouteira ; il a été construit sur un exhaussement au pied du Djurjura, d'où il domine un vaste plateau ou large vallée, en partie nu, en partie cultivé en céréales ; c'est là que nous déjeunons, ou plutôt que nous devons déjeuner, ce qui n'est pas tout à fait la même chose. Les estomacs commencent à se dérider ; la bonne humeur revient : Saïd babille ; j'entends vanter d'avance l'hospitalité du caïd ; nous apercevons ses gourbis sous les murs du bordj, près d'un ruisseau. Idir part en faisant la fantasia ; cette fois Saïd n'en est pas jaloux. Il va nous annoncer. Mais il revient bientôt, l'oreille basse, dire à Sidi Djoudi, que le caïd est avec son monde à la grande fantasia d'Aumale. Saïd devient lugubre et cache ses dents ; quant à Sidi Djoudi, il fait bonne contenance, il est toujours digne. Décidément si nous voulons déjeuner chez un caïd quelconque, il faut nous en aller, comme les autres, à la grande fantasia d'Aumale ; là seulement nous serons sûrs d'en trouver un, car ils y sont tous pour célébrer le quinze août. El hadj Hamiche, qui est fanatique de poudre et de fantasia, nous quitte, pour aller avec tout le monde à Aumale.

Nous arrivons tristement au bordj. Il est occupé par une fraction de compagnie de zéphirs, commandés par un sous-lieutenant. Je lui fais une visite. Il m'in-

vite à déjeuner ; j'accepte à l'unanimité. Sidi Djoudi
désire se reposer. Le lieutenant lui fait donner son
matelas et nous l'installons dans une petite chambre.
— « Dormez, Sidi Marabout, vous êtes bien heureux,
vous allez dîner, car qui dort, dîne. » Je donne à Idir
un gros pain dont j'ai eu la précaution de me munir.
Il est bientôt éventré, dépécé, partagé et mangé avec
quelques oignons qu'y joint le lieutenant. Les provisions sont rares au bordj : du pain, des oignons crus
et de l'eau fraîche, plus la faculté de faire la sieste, le
ventre au soleil ou à l'ombre, *ad libitum ;* que voulez-
vous de plus ! Évidemment ils sont désappointés ; ils
s'attendaient à faire un bon repas chez des amis, à
jaser, etc. Quand à Sidi Djoudi, il aurait fait sa tête et
posé en grand marabout. Ce sera pour une autre fois.

L'ameublement de mon jeune officier est très-simple,
très-modeste, mais ingénieux : c'est lui qui en a fa-
briqué toutes les pièces. Avec une scie, des clous, un
marteau et des caisses à biscuit il a fait une table,
des tabourets, une bibliothèque, etc. Son appartement
n'est pas splendide ; cependant il se compose de la
petite pièce où dîne, c'est-à-dire où dort Sidi, c'est
son atelier de menuiserie ; d'une autre chambre, servant tout à la fois de salon, de salle à manger et de
chambre à coucher. Les murs, blanchis à la chaux,
sont ornés de quelques vignettes, et à la place d'honneur,
entre le sabre d'ordonnance et le fusil du jeune guerrier, des portraits en pied de l'Empereur Napoleon III
et de l'Impératrice Eugénie. Une troisième petite pièce

lui sert de cuisine, et un grand diable de zéphir de cuisinier. Cependant il s'est conservé la haute-main sur son marmiton. Il surveille et soigne en amateur et consommateur éclairé la cuisson d'une poule de Carthage, qui mijotte sur un feu doux, bien mené, et dont le délicieux fumet vous délecte agréablement les narines et vous fait venir l'eau à la bouche.... «Ce sera bon, mon officier! ce sera fameux!» — «M. le juge, quand vous voudrez.» — «A vos ordres, M. l'officier.» *Cedant arma togæ*... Alors passez-moi une aile, mon officier, et puis une cuisse; oh! jeune guerrier! j'aime l'aile, parce que ce morceau est délicat; la cuisse, parce qu'elle a plus de goût, et la carcasse, parce que j'ai bon appétit. Je ne suis pas difficile, comme vous voyez; je mange de tout.

Le menu se compose du volatil, d'une omelette, de pommes de terre sautées et d'une salade. La table est petite et hoche un peu; mais je vous en réponds, rien ne tombera à terre. Le vin n'est pas irréprochable, mais l'eau est fraîche et bonne : je fais un déjeuner de sous-lieutenant, excellent, digne d'un conseiller à la cour de cassation. J'avais cru, à son air gentillement juvenil, que M. Edmond Tinel, mon aimable hôte, était un Saint-Cyrien; mais il sort des gardes mobiles, où il a fait ses premières armes. Fils d'un ancien militaire, il se préparait pour Saint-Cyr, quand le 28 février vint essayer de souiller, déshonorer un instant la France. Il s'engagea dans la mobile, où il eut un avancement rapide et devint sous-lieutenant en peu de temps. Il se hâta alors de quitter ces aimables et charmants enfants. Il commande, il est vrai, maintenant à une autre variété de bons sujets, à une trentaine de zéphirs. Après déjeuner, nous allons leur faire une visite pour leur annoncer qu'à l'occasion du quinze août il y aura distribution extraordinaire et levée des petites punitions. Ils sont installés dans une chambre longue; elle est blanchie à la chaux et très-propre. Ils se sont construit des lits avec des branches d'arbres, chacun selon son goût, son savoir-faire. Pour charmer leurs loisirs, quelques-uns se livrent à l'éducation de corbeaux, chouettes, chacals, etc., qu'ils ont déniché ou attrapé dehors. Ils paraissent avoir du moral. Mon sous-lieutenant, tout jeune qu'il est, leur en impose. Il faut de la tête et du nerf pour commander à de pareils gaillards dans une pareille solitude. Du reste, il est content. Ces soldats ont pour la plupart commis des actes d'insubordination dans l'ivresse; or, ici il n'y a pas le moindre débit de boissons. Il y a seulement un cantinier, qui vend du pain et du café. Aussi, ne buvant que de l'eau, sont-ils sages comme des images qui sont sages. Quoi qu'il en soit de la sagesse de ces messieurs, il est, à mon avis, bien impolitique et même dangereux quelquefois de faire occuper les maisons de commandements, bordjs et généralement tous points avancés et isolés au milieu des indigènes par ces sortes de garnisons. Je n'y vois que des inconvénients et aucuns avantages.

L'oisiveté, la monotonie d'existence, l'excessive chaleur, l'isolement, dangereux pour tout le monde, à plus forte raison pour des hommes tourmentés de mauvais instincts, de mauvaises passions, peuvent souvent aigrir leur caractère au lieu de le corriger, et leur faire contracter des vices déplorables. J'ai entendu dire même par des personnes très-dignes de foi, qu'il leur était arrivé de se livrer, dans le sud, à de sales et honteuses débauches avec les indigènes. Or, les Arabes ne jugent les Français que d'après ceux qu'ils voient, et ils en arrivent à se persuader, avec une apparence de raison, que nous valons beaucoup moins qu'eux. C'est une grande faute, toujours à mon avis, pour le vainqueur, que de se laisser ainsi ravaler par le vaincu. Il devrait, au contraire, lui cacher les vices, les imperfections, les abus ou erreurs de sa civilisation et ne lui en montrer que les beaux côtés. Voilà pour la morale. Mais voici un inconvénient d'un autre ordre : quelle que soit la surveillance active, dont on les entoure, la sévérité inflexible et rigoureuse avec laquelle on les frappe, sont-elles assez fortes pour les empêcher de s'échapper quelquefois pour aller rapiner au dehors au préjudice des voisins. Cause de mécontentement, d'irritation, quelquefois de représailles, de vengeance. En tous cas, résultats au moins négatifs pour la conquête; tandis que de ce voisinage de nos postes et des indigènes on pourrait essayer d'en obtenir de réels, de féconds. Les bordjs ou maisons de commandements devraient être placées au point de jonction de diverses tribus, comme Dra-el-Mizan, de manière à pouvoir opérer sur elles, ou par la fusion, ou par la division, selon les besoins de la politique... Mais ceci est de la compétence militaire, et je n'y entends rien ; aussi ne les envisagerai-je pas sous ce rapport.

Il devrait toujours y avoir autour ou à proximité des terres, appartenant à l'État, qui puissent être au besoin données en concession. Leur garnison devrait être toute spéciale et composée des *meilleurs sujets* des régiments, congédiables après deux ans ou même trois ans. Ce choix serait pour eux une espèce de récompense. Pour les maisons de commandant situées en Kabylie, ils devraient avoir exercé l'une des professions suivantes : de jardinier, de pépiniériste, de vigneron, de meunier, de maçon, de forgeron, de charpentier-menuisier ; pour celles situées près des forêts, de bûcheron, de scieur de long et de charbonnier ; enfin, pour celles situées en pays arabes, les soldats devraient toujours sortir de la cavalerie, être réputés pour aimer les chevaux et les bien soigner, et savoir une des professions de meunier, maréchal-ferrant vétérinaire, berger, tondeur de troupeau, cultivateur, jardinier, maçon. Avec des garnisons ainsi composées, les maisons de commandements ou *bordjs* se suffiraient bientôt à elles-mêmes pour une foule de choses nécessaires à la vie ; le bien-être pour le soldat résultant de son travail, l'encouragerait à travailler ; il pourrait même faire quelques économies, qui lui serviraient à l'expiration de son congé, et, en tout cas, pour cette époque, il aurait repris les habitudes de travail et pourrait devenir *bon* colon, sans transition.

. Voilà pour le soldat. Il va sans dire qu'il aurait à sa disposition les outils nécessaires à l'exercice de son métier. Je ne parle pas d'un tailleur, d'un boucher et d'un boulanger; c'est de rigueur; — un médecin serait indispensable. Il serait muni des remèdes nécessaires à la guérison des maladies de peau, dont les indigènes sont assez souvent atteints!

Je ne fais qu'indiquer l'heureuse influence qu'aurait nécessairement la composition morale, intelligente et civilisatrice de ces garnisons spéciales sur les indigènes. Dans les cultures et les jardins entourant les bordjs, ils trouveraient des modèles d'application de nouvelles cultures et de nouveaux produits, qui leur seraient si nécessaires, ou d'amélioration pour les leurs; — dans nos soldats, des maîtres pratiques pour leur montrer à faire ce qui n'existe pas chez eux, ou à améliorer ce qui existe. Les maisons de commandement deviendraient ainsi, tout en conservant leur caractère et leur destination actuels, des espèces de fermes-modèles militaires.

En Afrique, maintenant surtout, ce n'est pas seulement les armes et les vertus militaires de nos soldats, de notre armée, qu'il faut savoir utiliser au profit de la consolidation de la conquête, mais aussi leur industrie, leurs connaissances; en un mot, leur supériorité, à peu près en tout genre, sur les indigènes : après les armes de la guerre, les armes de la civilisation, petites et grandes!

Cela n'est pas là, ce me semble, de la théorie ; en tout cas il n'en coûterait rien, ou bien peu de chose, pour essayer de la pratiquer. Je n'ai pas le mérite de l'invention. L'idée m'est venue en voyant ce qui est ; il n'y aurait qu'à développer le germe.

M. le gouverneur Randon a fait entrer la conquête dans une ère nouvelle de civilisation, et l'y fait progresser chaque jour avec une sagesse et une sagacité merveilleuse. C'est qu'aussi son attention est toujours en éveil et qu'il ne néglige aucun moyen, même des plus petits, qui peuvent concourir à l'accomplissement de son œuvre. Aussi suis-je persuadé qu'il apprécierait tous les avantages qui pourraient résulter de l'organisation ou de la modification d'organisation des maisons de commandements dans le sens que je viens d'indiquer.

Mon jeune officier me fait les honneurs de son fort construit par les Turcs : c'est une enceinte, à angles aigus, de murailles d'une grande épaisseur ; elle domine le pays et regarde le Djurjura du haut en bas. Les Turcs y avaient une petite garnison, pour surveiller la route de Constantine ; mais ils ne mettaient pas le nez dehors. Une douzaine de gros canons en fer, sans affûts, sont déposés en file au milieu de la cour. Il me semble difficile, sinon impossible, de les mettre sur les murailles. Je ne sais trop comment les Turcs ont fait pour les transporter jusque là. Du haut d'un angle du fort, où M. le lieutenant élève un aiglon du Djurjura, il me montre un petit jardin qu'il a créé près du bordj : c'est, avec la chasse, sa seule distraction. Nous rentrons pour prendre le café, qui est une excellente chose en Afrique; la meilleure des boissons; tout en désaltérant, elle agit d'une manière bienfaisante sur le cerveau et l'estomac; aussi, j'en ai toujours une provision. Sidi-Djoudi et Saïd le prennent avec nous; puis, mon lieutenant nous régale de limonade à la glace, c'est-à-dire à la neige, venant des anfractuosités du Djurjura, ce qui ne laisse pas que d'être agréable par quarante-cinq à cinquante degrés de chaleur.

«Mon officier, je vous remercie infiniment de votre cordiale hospitalité. Je l'ai trouvée d'autant plus à propos, que sans elle j'eusse fait un déjeuner à l'oignon cru et au pain sec.»

Nous remontons sur nos bêtes et traversons le ruisseau, où nous les faisons boire; comme elles n'ont rien mangé, il faut au moins qu'elles boivent. Ces races de bêtes sont véritablement excellentes : elles marchent toujours, quelquefois même chargées outre mesure, par les plus mauvais chemins et les plus mauvais temps, la nuit, le jour, mangeant très-peu, ce qu'elles trouvent. On n'en prend pas le moindre soin.

Nous nous éloignons un peu du Djurjura, que nous laissons à gauche, et cheminons dans un pays légèrement accidenté, mal cultivé, et dont le sol me paraît peu fertile. Les bas-fonds et les contre-forts qui sont entre nous et le Djurjura me paraissent assez bien boisés; je ne puis distinguer de quelles essences; je crois cependant reconnaître que le pin y domine. Il

doit y avoir dans ces fourrés de mauvaises bêtes, telles
que panthères, hyènes, etc., et des sangliers, sans
parler des hommes; car c'est une espèce de fron-
tière, qui avait autrefois une assez mauvaise réputation.

Nous sommes rejoints par deux serviteurs de Sidi-
Djoudi : l'un, Ibrahim, homme de cinquante-cinq ans,
taillé en Hercule; j'ai sa mule, mais je m'en console
en pensant qu'avec des membres comme les siens on
peut bien se porter soi-même; — l'autre a vingt-
cinq ans; il est petit, mal fait, très-laid et imberbe;
— il a une flûte en roseau dans le capuchon de son
burnous : c'est un artiste; il se nomme Ali. Les pauvres
diables nous suivent en trottinant; leurs chemises,
leur unique vêtement, que n'a jamais touché le savon,
sont trempées de sueur; c'est l'eau qu'ils ont bue qui
se tamise à travers leur cuir. Ce que c'est que de s'a-
bandonner à ses instincts !

Ibrahim parvient à grimper derrière Sidi-Lahoussin,
le kodja : deux bonnes têtes.

Vers trois heures nous quittons le chemin et remontons à droite un petit ruisseau, pendant une cen-
taine de pas, et nous nous arrêtons devant deux gourbis,
séparés par une espèce de cour close d'une haie sèche
de branches de jujubier. Nous entrons par une ou-
verture, fermée au besoin par une espèce de claire-
voie. On s'empresse autour de Sidi. Deux dames, dont
une demoiselle, se tiennent debout à l'entrée du gourbis,
qui est à gauche en entrant dans la cour.

Je m'approche de ces dames, qui se retirent dans
leur intérieur sans s'effaroucher, ce que ne manque-
raient pas de faire des bédouines, et, pour ainsi dire,
sans mouvement, comme des ombres; et tout en me
regardant, sans me fixer. — «Ne vous gênez pas,
mes belles, je suis entièrement à votre disposition,
mais à charge de revanche, en tout bien tout honneur pourtant, car je voyage pour le sentiment,
seulement.»

Je mets le nez dans le gourbis; c'est toujours la
même chose. Une baraque aux murs de branchages,
entremêlés de terre, formant une seule chambre,
large de deux à trois mètres, longue de plus du
double; au toit en chaume à deux pentes. La porte
est haute de moins de deux mètres; le sommet du
toit de trois ou quatre; pas de fenêtre. A l'un des
bouts, celui où on abrite los chevaux, les veaux,
les cabris, les bœufs de labour, pendant les pluies,
le niveau du sol est un peu abaissé, dans un but
que vous comprenez; c'est-à-dire, pour éviter les
écoulements dans le reste de la chambre ou plutôt
de la maison. Au milieu est un petit trou pratiqué
dans le sol servant de foyer et entouré de trois
grosses pierres en guise de trois pieds. La fumée
s'en va où elle peut; mais surtout dans les yeux
des gens; ce qui est très-ennuyeux et fatigant pour
qui n'y est pas habitué. Je ne comprends pas comment ces Kabyles ont encore des yeux, et surtout
de si beaux. Le mobilier se compose de nattes

faites de feuilles de palmiers nains, de peaux de
moutons tannées, tout d'une pièce et sans couture,
contenant de la farine et du kouskoussou sec, de
grandes marmites, de plats en terre cuite, peints,
de cruches peintes, accrochées çà et là aux murs,
et remplies de miel ou d'huile d'olive, de petites
meules à mains pour moudre le blé. Mes deux dames
continuent à me contempler. Elles ont pu voir de
loin des militaires, mais, sans doute, c'est la première fois qu'elles voient un roumi en pékin. Aussi
quel luxe! un habit de chasse de velours le plus beau,
noir, pur coton; veste-gilet à boutons de nacre, et
pantalon en étoffe de laine, fond blanc à petites raies
bleues; bottes molles à l'écuyère, avec éperons ar-
gentés; cravatte-foulard de soie verte; foulard de
poche rouge; chapeau de feutre gris à grands re-
bords; fusil Lefaucheur. J'oubliais la montre que
m'a donné Louis; la chaîne en or accrochée à une
boutonnière du gilet. — Mesdames, si vous n'êtes
pas contentes et satisfaites, dites-le, afin que, pour
repasser chez vous, je me fasse faire tout exprès le
nouveau costume de ville de magistrat, tout laid
qu'il soit, avec épée à manche d'acier ciselé, jabot
de dentelles de Mad. Horrer, etc. Je n'ai encore pu
me décider à m'orner de ce costume, surtout parce
que, avec la ceinture rouge, il a un faux air de
représentant du Peuple en exercice. Pourquoi n'a-t-on
pas, comme pour le grand costume, la belle ceinture
bleu de ciel?

Je vous disais donc que, si Mesdames me contem-
plent en gros et en détail, je me permets le réciproque
à leur égard. La plus âgée est une jeune mère d'au
plus vingt-cinq ans; elle est belle, mais déjà ses traits
sont fatigués, et son teint, sans être tout à fait ma-
ladif, a cependant au fond quelque chose de fiévreux;
elle est grande et svelte, et paraît bien faite; le nez
est un peu aquilin; la bouche bien faite et grave; les
yeux bleus. Ses vêtements sont à la fois de la plus
grande simplicité et malpropreté; ils se composent
de draperies de toile de coton commune, autrefois
blanche; les hauts bouts de la pièce de derrière sont
attachés, en passant sur les épaules, aux hauts bouts
de devant, un peu au-dessus des seins et de chaque
côté, par deux énormes épingles-boucles en argent;
une chaîne en petit coquillage de mer, alterné de
grosses perles plates, en verre de couleur, va de
l'une à l'autre, retombant par le milieu sur la poitrine et formant avec ses longs bouts une espèce de
guirlande. Ces draperies sont ensuite serrées au-
dessus des hanches par une ceinture en cordons de
laine, de couleurs différentes. Les bras, les jambes
et les pieds sont parfaitement nus; elle a d'énormes
boucles d'oreilles d'argent, mêlé de corail; un collier
de racine de corail; des bracelets en argent et en
corne noire, et aux jambes d'énormes anneaux en
feuille d'argent épaisse et ornés de dessins en relief
au repoussoir. Sa coiffure, d'où s'échappe de chaque
côté des tempes deux énormes nattes de cheveux tom-

bant un peu au-dessous des joues, puis se repliant et
se relevant par derrière et se perdant sous la coiffe,
a quelque chose de très-original; je vous la décrirai
une autre fois. Cet ensemble n'est ni élégant, ni co-
quet; mais a, en revanche, quelque chose d'artistique,
d'antique, de biblique, qui serait à peindre. Le véritable ancien costume, que portent encore les vieilles
et les femmes riches, ne se compose que d'un immense
haïck ou espèce de couverture en tissu de laine fine,
très-long et de la hauteur de la taille moyenne d'une
femme, blanc, avec quelques raies en travers de diverses couleurs, sans coupes ni coutures. Une femme
s'habille, comme je viens de vous le dire, avec cette
pièce d'étoffe de laine; tout l'art consiste dans la pose
des boucles-épingles, l'arrangement des plis, etc. Il
n'y a qu'une femme qui puisse comprendre, deviner
tout le parti qu'on peut tirer pour s'habiller d'une
couverture. Trois ou quatre enfants, petits garçons et
petites filles, sont à ses côtés, fort légèrement vêtus. Un
des petits garçons n'a même pour tout vêtement et pour se
préserver du soleil qu'une petite queue de cheveux qui,
du haut de sa petite tête rasée, lui pend sur la nuque.
Ils sont tous parfaitement crasseux, pouilleux et mor-
veux, quoiqu'ils aient chacun, au bout de chaque
bras, de petits mouchoirs de poche naturels. Les dames
et les demoiselles, du reste, n'en ont pas d'autres;
elles s'en servent même très-proprement et preste-
ment; elles se mouchent avec, mais pas dedans, avec
un coin seulement, c'est-à-dire, en appuyant l'index

alternativement sur chaque côté du nez...... Vous comprenez le reste.

Sidi m'appelle, et j'entre dans l'autre gourbis, où il s'est installé; il est plus petit; c'est à peu près la même disposition intérieure; le mobilier est augmenté de quelques vieux bats de mulet, d'une selle de cheval, d'un long fusil enveloppé de chiffons de laine et d'un métier à tisser. On apporte le *kouskoussou* de l'hospitalité avec les cuillers; courte prière et lavement de mains avant, *idem* après. Pendant que Sidi s'entretient avec quelques Kabyles; que Saïd raccommode mon sac de chasse; car il est étonnant, Saïd, il est universel, il brode les burnous, écrit, récite la prière, possède son Coran, fait en relief des plans de son pays en terre, et je ne sais encore quoi. Je m'amuse à examiner le métier à tisser contre lequel je suis adossé, et le haïk en œuvre. Sidi, remarquant mon attention, appelle l'ouvrière, l'Arachné Kabyle; c'est la jeune fille. Elle s'approche sans timidité comme sans affectation et se place derrière le métier, faisant face à la société; puis moitié souriant, moitié sérieusement, elle passe quelques files sans autre navette que ses dix doigts; elle les rabat ensuite avec une espèce de peigne en fer à manche. C'est, comme sa sœur, une jolie blonde aux yeux bleus très-clairs; elle a sous son sourire agréable et frais deux rangées de charmantes dents blanches. Il y a, dans son regard, quelque chose qui dit que la commère sait son prix. Je prends le mot pris au figuré; mais je pourrais le prendre aussi dans son sens réel, car ici les papas ne donnent en mariage leurs chers enfants qu'à beaux deniers comptants, de même qu'en France ferait un fermier de ses blanches brebis; mais pour un plus haut prix seulement. Cet usage paraît tout d'abord fort humiliant pour l'humanité féminine, cependant, en y réfléchissant un peu, on est bientôt obligé de reconnaître qu'il n'en est rien, au contraire, sauf l'abus. En effet, acheter une femme pour un jeune Kabyle, c'est mériter ce bien suprême; car la plupart des jeunes gens Kabyles, n'ayant ni sous, ni mailles, sont obligés d'aller au loin, jusqu'à Tunis même, gagner par leur industrie, leur travail, de quoi se procurer, acheter cette bonne denrée, dont personne ne peut se passer, et, comme elle leur a coûté cher, ils y sont attachés.

C'est qu'il en coûte, pour se bonifier, se gratifier, s'orner d'une épouse. Le maximum de la valeur, je veux dire du prix, car la valeur d'une femme n'a pas de maximum : elle est infinie, est de deux mille francs, qualité supérieure, extra-fine. Cependant le prix moyen des qualités bon ordinaire est de cinq à six cents francs. Il n'y a pas, du reste, et il ne pourrait y avoir, de tarif absolu. Le prix ne se discute et ne se règle pas toujours d'après la valeur intrinsèque de l'objet, mais d'après la fortune et le caractère de l'acheteur, ses entraînements, etc. Ce n'est pas tout; outre le prix principal, il faut les accessoires : une maison, un champ, des oliviers, des figuiers, une chèvre, etc. Or, un jeune Kabyle travaillant au dehors, généralement du métier de journalier, gagne, pendant trois ou quatre mois par année, de trente à quarante sous par jour, et il a quelquefois un vieux père, une vieille mère à nourrir. Calculez, d'après cela, ce qu'il faut de peines et de sueurs pour amasser de quoi gagner pignon sur rue et le bonheur du foyer : femme au logis.

Voyez plutôt nos villageois, comme ils sont attachés au coin de terre, qu'ils ont gagné à la sueur de leur front ; avec quelle ardeur, quelle opiniâtreté ils le cultivent, ils le soignent. D'un autre côté, les filles Kabyles ont aussi leur petit amour-propre ; elles tiennent à valoir un bon prix, et à ne pas être données pour le prix d'un cabris ou même d'une brebis ; elles ont beaucoup à faire pour devenir bonne femme de ménage, beaucoup à apprendre, car la femme fait à peu près tout. Elle file la laine avec un fuseau à la main ; elle fait toute espèce de tissu au métier, burnous, haïk, tellis, etc. ; elle façonne la poterie petite et grosse, la peint, la fait cuire, elle teint les tissus ; elle moud le blé entre deux petites meules placées entre leurs jambes, et dont elle fait tourner l'une sur l'autre avec la main ; elle tamise la farine ; la prépare en *couscoussou* ou en pâte, fait la galette, etc. ; je ne parle pas du reste : de traire les bêtes ; d'aller chercher du bois à dos, de l'eau, des herbages, et de travailler à la terre, etc. Vous voyez que la femme kabyle a fort à faire pour devenir une femme accomplie. Il n'y a que deux choses qu'elle n'apprend pas : à coudre et à parler ; à parler, parce que cela lui vient assez naturellement, et à coudre,

parce que la malheureuse n'a rien à coudre. Les chemises que portent les hommes sont achetées sur les
marchés et faites par des hommes dans les villages,
surtout des Beni Abbès; les femmes n'en ont pas : c'est
du luxe.

Quoi qu'on puisse dire de ces marchés matrimo-
niaux, tout le monde, en définitive, y gagne : le
papa de la demoiselle une dot, qui lui permet d'a-
cheter une épouse neuve et de refaire ainsi son petit
troupeau; la fille toujours un mari, ce qui fait faute
à bon nombre de nos demoiselles en France et ailleurs. Quant à l'épouseur, il y gagne encore plus
que tous les autres; car, quel que soit le haut prix
de l'épousée, il ne paie jamais ce que vaut cette
bonne, cette précieuse marchandise. Je suis persuadé
que si cet usage matrimonial, cette mode, venait à
être connu en France, il y ferait rapidement révo-
lution et vogue parmi nos demoiselles, avec quelques
modifications cependant, par exemple, pour ces chères
bonnes, de choisir un petit peu et de s'appliquer la dot;
rien de plus juste. Aussi, comme je ne suis pas marié,
je me garde bien de faire connaître ce que je viens de
vous dire, et je vous recommande même à cet égard,
ma chère Léonie, le plus profond secret. Quand je
serai marié, alors je ne dis pas; mais, jusque là,
motus, garottez votre langue. Ce n'est pas facile, me
direz-vous : il vous en coûtera beaucoup; mais je
vous crois capable des plus grands sacrifices par amour
fraternel. Non, vous pouvez parler; cet usage n'est pas

possible en France, et voici pourquoi : Nos demoiselles étant sans prix, ne pourraient conséquemment
être épousées par personne, à moins, cependant, que,
bonnes âmes charitables et compatissantes, elles n'aient
pitié et compassion, etc. Vous riez et dites : M. Félix
est un intrigant ; il s'imagine qu'on prend nos demoiselles avec des morceaux de sucre, comme ses petites
Bédouines, ses petites Kabyles !....

Sidi me frappe légèrement sur le genou et me regarde en dessous, souriant de son sourire de vieux
croquepoule : «Doucement, mon juge ; ne poussons pas
trop loin les études de mœurs, et n'oublions pas que
nous voyageons pour le sentiment seulement. Que
voulez-vous, on se laisse facilement distraire en une
route qui, d'ailleurs, ne sera peut-être pas sans casse-
cou. Mademoiselle Saada a beaucoup d'aisance dans
les mouvements, surtout du haut du corps, qui n'est
point emprisonné, guindé, ficelé dans un corset. Elle
est vêtue comme sa sœur ; mais elle a la tête nue, à
la mode des demoiselles des Beni Ala. Une raie, partant du haut du front, partage ses longs cheveux ; ils
sont divisés de chaque côté en trois ou quatre longues
tresses, qui sont réunies à leurs extrémités par des
cordons de laine noués, tombant et se mouvant sur le
dos. Cette coiffure est très-originale et rappelle celle des
filles badoises. Je lui donne une paire de petits ciseaux ;
c'est peu galant, mais je n'ai pas autre chose ; pourvu
que son père ou son frère ne les lui chippent pas. Si
tous les Beni Ala sont des blonds et des blondes aux

yeux bleus, comme ces messieurs et ces dames, ils pourraient bien descendre des Vandales.

Nous repartons, Sidi, Idir et moi; les autres ont depuis longtemps pris le devant. Nous passons près d'un bloc de vieille maçonnerie au bord d'un ravin; est-ce une arche de pont, est-ce une reste de tour? Si notre savant bibliothécaire, M. Berbruger, était avec nous, il nous le dirait; en tout cas c'est de construction romaine.

Nous marchons une heure, puis nous nous arrêtons sur une éminence devant une tente élevée pour nous. Nous sommes sur une espèce de plateau sans culture, entourés de buissons très-épais de lentisques, qui nous cachent aussi en partie quelques gourbis; nous trouvons là tout notre monde, nous attendant avec les habitants des gourbis. La réunion est nombreuse; on cause d'affaires avec Sidi; on nous apporte quelques galettes chaudes; il n'y a pas de beurre, mais beaucoup de sel et du lait aigre; — c'est la croutte de pain et le verre de vin lorrain, avant le repas solide.

Lorsqu'on arrive quelque part, les femmes se mettent tout de suite à allumer le feu et à pétrir la pâte; elles l'étendent en forme de galette, puis elles la placent dans un four de campagne sans couvercle sur des braises; quand elle est à peu près cuite d'un côté, elle est retournée de l'autre, puis servez chaud! On me fait la politesse d'un plat d'œufs brouillés. —

Bien, voilà Ibrahim qui a des mots, des difficultés

avec le cheval noir de Sidi : ces deux animaux se sont pris réciproquement en grippe ; ils en viennent aux mains, ou plutôt aux pieds. Ibrahim, malgré ses gros os, n'est pas le plus fort ; il est furieux, le cheval aussi. Il vient, tout ému, montrer ses écorchures à Sidi. Dans le combat sa chemise a été déchirée par derrière jusqu'au dos, et c'est son seul vêtement. Il montre à Sidi, d'un air piteux, la déchirure, sans s'inquiéter et prendre garde à ce qu'elle ne couvre plus, ce qui fait beaucoup rire les autres. Je lui bassine ses excoriations, celles de devant, avec de l'eau de sel : «Ça pique, mon vieux, mais c'est pour ton bien.» —

De petits enfants, aux rires joyeux, jouent derrière nous : ils montent à quatre pattes sur un tas de fumier, puis se roulent en bas ; ils sont, sans s'en douter, parfaitement sales de peau et de guenilles.

Sidi fait la prière ; il est marabout et arrière petit-fils d'un marabout renommé, ce qui lui donne un caractère religieux. Aussi la prière est-elle faite avec une certaine solennité. Sidi a personnellement de la dignité, du maintien religieux, et une voix qui ne manque pas d'une onction. Les Kabyles répètent la prière en se prosternant ; cette manière simple, sans autre apprêt que la ferveur des fidèles, de faire la prière en commun, a quelque chose qui rappelle les premiers âges, à ce que je crois, du moins.

J'ai entendu dire par un grave personnage de beaucoup

d'érudition, d'esprit et de verve, surtout avec les dames,
que Mahommed était quelque chose comme un ....,
et sa religion quelque chose comme une ..... Ce jugement paraît un peu hasardé, quand on voit des musulmans prier; et ils prient tous, plus ou moins. Le christianisme s'est implanté chez des populations adonnées,
il est vrai, au paganisme, mais quand déjà l'idée de
l'unité de Dieu ébranlait cette religion; quand l'éclat
de la vive lumière rayonnant de cette grande vérité
éblouissait, éclipsait Dieu et déesses et tout leur monde,
leurs gens, leur humaine cour, faisait écrouler, fondre
et couler, du haut de leur piédestal de granit, le marbre
et le bronze de leurs statues.

Mais Mahommed avait affaire à des peuples encore
plongés dans les ténèbres les plus épaisses de l'ido-
lâtrie, du fétichisme le plus grossier, en un mot,
dans le culte de la peur, de la terreur, de la matière; et malgré cela il a fait pénétrer l'idée de l'unité
de Dieu jusqu'au fond de l'Afrique, au milieu de ces
peuples de nègres, s'élevant à peine au-dessus de la
brute. Il me semble qu'il a fait faire un progrès, un
pas vers le christianisme à cette partie de l'humanité.
Du point de vue même chrétien, il faut lui en savoir
gré.

De plus, en moralisant et légitimant le libertinage par
le mariage; en imposant des sacrifices, des devoirs nouveaux, tels que le Ramadan, par exemple, il a habitué les
peuples à des règles religieuses. Ces peuples n'auraient
peut-être pas voulu de devoirs, de sacrifices trop rigou-

reux, tels que le christianisme en impose. La foi et le sentiment religieux, que Mahommed a su inspirer à ses adeptes, est très-vivace; cependant il ne faut pas trop s'en étonner et les vanter trop haut : il n'y aurait pas de quoi. En effet, l'islamisme, si on en juge par ce qui se passe sous nos yeux, n'impose qu'une morale facile, très-facile, et même très-agréable, et des sacrifices qui, tout en donnant aux fidèles une haute idée de leur énergie, ne sont après tout, comme le Ramadan, que fort peu de chose. Le culte extérieur est peu de chose : pas de cérémonies compliquées; la prière, rien que la prière avec un ou sans prêtre, isolément ou en commun, chez soi, à la mosquée ou partout où l'on se trouve; le tout d'une grande simplicité et ne prêtant en rien au sarcasme, si ce n'est pourtant les cabrioles qui accompagnent les prières. Debout qu'ils sont, dans un moment donné ils tombent tous en même temps à genoux; puis, par un mouvement de bascule, se prosternent la tête en bas et le reste en l'air, et demeurent ainsi dans cette étrange position de pourceaugnac résigné pendant quelques instants.

On m'invite à me joindre aux fidèles; mais je m'excuse, comme n'étant pas de la paroisse; je crois que si je priais à la manière de mon enfance, cela aurait un grand effet : le temple, d'ailleurs, est grandiose et majestueux; pour dôme, le ciel, qui commence à s'étoiler; pour autel, le Djurjura; pour flambeaux, les reflets du soleil couchant, et pour musique les harmonies indicibles, infinies de la nuit, répandues dans les airs et sur la terre.

La prière terminée, on apporte le *kouskoussou :* c'est le repas substantiel. Saïd a repris sa gaieté, il est charmant et plein d'attention pour moi. On m'offre à part du *kouskoussou* au poulet dans un petit plat peint. «Mon cher Saïd, vous êtes trop sur votre bouche.» Je partage avec lui. Règle générale et particulière : quand un indigène quelconque, Arabe ou Kabyle, mais surtout un Arabe, vous fait des avances, des prévenances, n'ayez pas la sottise de vous imaginer que c'est pour vos beaux yeux ; il a toujours une arrière-pensée d'intérêt personnel quelconque. Il est bien rare d'en rencontrer d'obligeant pour le plaisir en lui-même d'être obligeant ; ils n'ont pas la charité, c'est une des grandes différences qui existent entre le chrétien et le musulman.

Dans la soirée, le frère du kaïd, qui nous fait les honneurs de l'hospitalité, car le kaïd est aussi à la grande fantasia d'Aumale, me montre ses lèvres tuméfiées, je ne sais par quoi : ils croient que les roumis savent toujours un peu de médecine. J'ai sur moi un flacon d'alcali camphré. Je lui en fait bassiner les lèvres ; cela ne peut pas faire de mal,... un désinfectant ! — « ça brûle, mon jeune ami ; — mais c'est pour votre bien.» — Saïd me fait mon lit ; il étend mon tapis sur les nattes et arrange mes besaces en oreiller ; or, il y a dans mes besaces du sucre en morceaux, une cafetière, etc. ; il a mis mes bottés sous mon oreiller. Je sens quelque chose de piquant... C'est mon éperon!.... Fichtre, si cette plume m'était entrée dans l'œil! — Tout le monde s'étend : Sidi à mes côtés, les uns sous la tente, les autres dehors, enveloppés dans leurs burnous et sans aucune espèce d'oreiller ; la tente reste toute grande ouverte, et la lune nous sert de veilleuse.

e lendemain nous sommes en route avant le jour, et déjà il fait chaud. Nous longeons l'Oued Sael et la sillouette des monts du Djurjura que nous laissons à gauche; à droite, nous côtoyons les petites montagnes du Beni-Ala. La vallée n'a guère plus d'une lieue de largeur, la partie, que nous parcourons, est bien cultivée en blé, déjà récolté. Nous rencontrons, allant à Alger et dans la Mitidja, ou en revenant, des journaliers kabyles; on échange toujours des *ouachalek,* etc. — Près de la rivière nous trouvons un vieux Kabyle, poussant devant lui un petit mulet aussi vieux que lui. Sidi s'arrête : grands compliments de part et d'autre; le vieillard est vieux comme le Djurjura, il a le crâne

complétement chauve; il est à peine vêtu: il ressemble
au temps. Sidi, qui n'est plus un jeune homme, l'a
toujours vu ainsi; il a dû voir passer plusieurs gé-
nérations. Sidi ne manque jamais de saluer les vieux
et vieilles, quelque mal ou peu vêtus qu'ils soient. Il
est honnête, il est bon prince avec tout le monde.

Si j'étais chasseur, comme j'abatterai des perdrix;
il y en a ici beaucoup; elles se laissent approcher à
trente pas.

Vers huit heures, nous quittons le chemin, qui est
très-battu et fréquenté : il conduit aux Beni Abbès,
tribu fort industrieuse et marchande, et à Constantine. Nous allons faire halte à une portée de fusil, sur
une hauteur où est un groupe de gourbis en pierre.
Nous y sommes bien reçus; pendant que Sidi fait ses
affaires, je vais avec Saïd reconnaître un petit bois de
pins : les arbres sont abîmés par l'incendie; mais il y
a beaucoup de semis naturels, ce qui prouve que cette
essence viendrait bien, si on la laissait venir. En rentrant, je trouve Sidi installé sous un gourbis d'un nouveau genre; il est circulaire et se termine en cône
aigu; il est fait de jeunes pins, serrés les uns près
des autres, le petit bout en haut; c'est un abri d'été.
J'y trouve nombreuse compagnie, entre autres une
femme entre deux âges d'une figure très-expressive et
et agréable, et un homme d'une cinquantaine d'années.
C'est un marabout, mais, à ce qu'il paraît, de l'espèce
loustic. Il a la figure très-mobile, gaie et originale.
Je ne sais ce qu'il raconte; il fait rire toute la

société, surtout un Kabyle de notre suite, poilu et barbu jusqu'aux yeux, et à face rébarbative. Il a un tout petit mal blanc au doigt, et il demande à tout le monde un remède; le barbu lui propose la pointe d'une grosse aiguille, et, au moment où il va percer le mal, mon marabout se récrie, se retire en faisant une foule de grimaces comiques d'enfant peureux, ce qui augmente l'hilarité générale. Je ne sais trop quel remède il demande à voix basse à la femme, qui est à ses côtés, celle-ci lui répond, en lui mettant la main sur la bouche; il semble qu'elle lui dit : veux-tu bien te taire!..... L'hilarité éclate plus fort que jamais; mon barbu surtout se tord comme une anguille. Sidi Djoudi se retourne, sans faire semblant d'entendre, et fait mine, tout en riant sous cape, de chercher quelque chose dans ses effets. Quelle gaieté. Le kouskoussou, qu'on apporte, suspend les rires de tous, sauf pourtant de mon barbu, qui pousse de temps en temps des pointes de rires étouffés.

Après le repas, je sors un instant, le marabout me demande de la poudre, je lui en donne un peu, alors toutes les mains s'étendent. Au moment de repartir, j'aperçois un groupe de dames et de demoiselles devant l'entrée d'un gourbis. — Quand je dis dames et demoiselles, c'est par habitude et par politesse, car il n'y a en Kabylie ni dames ni demoiselles, mais des femmes et des filles. Ces dénominations étaient autrefois en France nobiliaires, quoiqu'elles soient devenues aujourd'hui d'une application générale. Or, en

Kabylie, les femmes n'ayant aucun droit, pas même le droit successif, n'ont à plus forte raison aucuns titres de noblesse, à l'exception très-rare de quelques femmes maraboutes (saintes), auxquelles on donne le titre de Lella (madame). Les femmes et les filles s'appellent tout simplement du nom que les parents leur ont donné à leur naissance. Dans la famille c'est Dahya, Thessadite, Mohadjouba, etc. — Je m'approche pour les examiner : c'est toujours le même costume, plus malpropre que jamais; il y a quelques têtes qui sont assez bien; en quittant les gourbis, un chakal part dans les broussailles et Saïd, qui ne perd pas l'occasion de faire voir devant le sexe comme il monte mal à cheval, s'amuse à le poursuivre; mais la bête disparaît dans les broussailles. Idir et Saïd m'amusent beaucoup avec leur air de vouloir imiter les Arabes à cheval. Sidi leur a donné ou prêté une paire d'éperons français; ils se les sont scrupuleusement partagés, un pour chacun. Vers une heure, nous nous arrêtons sous des oliviers sauvages au bord du lit, presqu'à sec, de la rivière. On arrange un endroit où Sidi s'étend pour faire la sieste, et on m'étend mon tapis non loin de lui. Saïd et Idir, qui se jalousent les bonnes grâces de Sidi leur patron, se prennent du bec, je ne sais pour quel petit motif, relatif à leur service près Sidi. Ils se disputent violemment, à faire croire qu'ils vont se dévorer. Cependant, Sidi n'y prête pas la moindre attention; il paraît très-prudent et pense que probablement il ne pourrait pas les empêcher de brailler, ce qui est·dans l'habitude des Kabyles; il les laisse donc faire et s'épuiser, sans compromettre sa dignité. Saïd est très-jaloux d'Idir, qui n'a pas son genre d'intelligence et son instruction relative, mais qui absorbe Sidi par ses attentions, ses soins.

Idir est un homme de quarante ans; il a été à Tunis, où il a fait je ne sais trop quel métier; il est grand et svelte, a la moustache en chat, ce qui fait dire à Saïd, qu'il a l'air d'un chakal, expression de mépris. Il est l'homme de confiance de Sidi, son porte-bourse, son écuyer-servant, son barbier, je ne sais quoi d'autre encore. Il n'a pas le rire franc des Kabyles, quoiqu'il soit aussi rieur.

Saïd est un jeune homme de vingt-cinq ans, à l'œil vif et très-intelligent. Il a le nez un peu épaté, les lèvres grosses et sensuelles, la bouche grande, surtout quand il rit, ce qui lui arrive souvent, car il est très-gai et moqueur; alors il découvre de magnifiques dents blanches. Sa taille est moyenne. Comme je vous l'ai dit, il sait faire de tout; il a fait son éducation dans une zaouya (espèce d'école d'adulte), où on vous demande en entrant: « Veux-tu être étudiant du bâton ou de *la science?* » c'est-à-dire veux-tu être voleur de grand chemin ou savant? Je compte visiter cette école, qui est du côté de Bougie, bien entendu après avoir vidé mes poches avant d'y entrer, et je vous en reparlerai. Saïd est de plus el hadj, c'est-à-dire pèlerin de la Mecque; ce qui donne encore un certain prestige. L'année dernière je l'ai conduit à un bal déguisé, dans

une loge. Il s'amusait beaucoup de ce qu'il voyait, et
penchait la tête dans l'intérieur pour mieux voir. Il fut
aperçu par un pierrot, qui voulut l'entreprendre ; mais
mon pèlerin, le prenant pour une espèce de fou, lui
rit au nez d'une manière si moqueuse, que le pauvre
pierrot fut à son tour tout déconcerté et resta coi. Il
est surtout attaché à la personne de Hamed, l'aîné des
deux fils de Sidi. Il a fait de mémoire, sous la direction
de M. Devaux, un plan en relief en terre d'une partie
de la Kabylie, celle, je crois, où M. le Gouverneur
Randon vient d'opérer, où sont figurés ou indiqués
les montagnes, ravins, chemins, ruisseaux, etc. Il
doit avoir à un haut degré la bosse de la géographie
et de la plastique.

Pendant que Sidi fait la sieste, je cause, comme je
peux, avec quelques Kabyles réunis autour de moi. Un
jeune homme de vingt et un ans, aux grands yeux
noirs, aux dents blanches, à la figure douce et presque mélancolique, qui ne me quitte guère depuis ce
matin, me demande si je veux aller au *bas bord* (montagne entre Bougie et Djigelly), et me propose de m'y
accompagner. — Qu'est-ce qui me l'envoie ou le charge
de me surveiller ? — Saïd en a pris ombrage. Il faut
bien se tenir avec ces hommes à humeur changeante,
à petites idées, petits intérêts, pour n'en mécontenter
aucun, les ménager tous et conserver avec chacun
de bonnes relations. J'ai déjà remarqué que Sidi, sous
ce rapport, était passé maître.

Pendant que nous causons, un cheval tend le cou,

pùis le museau, si long et si adroitement, qu'il parvient à happer un petit biscuit dans un couffin, m'appartenant et suspendu à une branche d'arbre assez élevé, et que je croyais hors de sa portée. J'avais un couteau à la main; je fais un mouvement pour faire reculer l'animal : mon couteau disparaît; ce n'était qu'un couteau de cinq sous; cependant cela me déplaît. Je fais semblant de l'avoir perdu : si mes farceurs le cherchaient dans quelque pli de leurs burnous, au lieu de le chercher par terre, ils l'y trouveraient. Je soupçonne quelqu'un; dorénavant je veillerai à mon mobilier.

Nous nous remettons en route vers trois heures; nous traversons de nouveau la rivière. — Qu'a donc Brahim? il parle avec colère à Sidi. J'entends le mot *douro* (pièce de cinq francs); ce mot revient, du reste, souvent dans la conversation entre Kabyles; il nous quitte de mauvaise humeur. Sidi le rappelle de sa douce voix. Brahim, Brahim! — rien! Saïd s'élance à sa poursuite... rien! — quelle mouche l'a piqué?

Nous passons près d'une prairie, où je remarque des canaux d'irrigation qui se continuent dans un champ de pastèques qui est plus bas; puis près d'une petite meule longue et étroite, haute de deux mètres au plus et fort bien entendue. Elle est entourée jusqu'à une certaine hauteur de branches de jujubier très-épineuses pour la préserver des troupeaux, et couverte d'une espèce de chaume, le tout très-bien lié avec des ficelles faites de fibres de palmiers nains.

Le sol végétal ne paraît pas profond : il doit être

inondé pendant l'hiver par les débordements de la ri-
ʻvière, car je remarque aux arbres des traces du passage et du séjour des eaux, tels que roseaux et joncs
entraînés et accrochés d'une certaine façon. Nous
traversons des petits bois fort pittoresques de gros
genévriers, et de *tuyas;* nous nous rapprochons de
plus en plus des pieds du Djurjura. Voici des pins :
nous nous arrêtons au bord d'un ruisseau de trois ou
quatre mètres de largeur. Descendant du Djurjura,
l'eau y coule limpide, abondante et rapide sur de gros
cailloux. Nous entrons dans le domaine de notre grand
marabout, de Sidi Djoudi. Au milieu d'un bois de pins
j'aperçois une petite construction : c'est un moulin; il
faut se baisser pour y entrer. Il forme un carré d'environ quatre mètres de côté. La meule est au milieu
et tourne. sans couvercle; de façon que la farine se
répand tout autour et saupoudre murailles, toit et mobilier, composé de peaux de moutons tannées remplies de farine,. de blé ou d'orge. La roue n'est pas
mue par le ruisseau lui - même, mais par une prise
d'eau qui y a été faite plus haut. Je retrouve Brahim
avec le meunier; il boude. Je lui reproche de n'être
pas venu à mon appel; il me répond qu'il ne m'a pas
entendu et paraît flatté de ce que je me sois inquiété
de ce qu'il nous eut quittés.

Si les pins étaient plus beaux, on pourrait très-bien
les utiliser et les convertir en planches, perches, madriers, etc., au moyen de scieries établies sur les ruisseaux, dont les eaux doivent toujours être très-abon-

dantes, puisque nous sommes à une époque où toutes les rivières ou cours d'eau sont généralement à sec en Algérie.

Les Kabyles ont beaucoup de ressources, dont ils ne savent pas bien tirer parti, quoiqu'ils ne les ignorent pas entièrement. Les canaux rudimentaires d'irrigation, le moulin informe que je viens de voir et que j'ai déjà rencontré dans d'autres parties de la Kabylie, prouvent qu'ils ont le germe de ces industries agricoles. J'offre un morceau de chocolat informe, car la chaleur l'a fondu, à Sidi-Djoudi; mais il se défie de la couleur de la friandise. Idir n'est pas si difficile. Sidi Djoudi remonte sur la mule que lui laisse Lahoussin; celui-ci fait mine d'enfourcher le cheval noir de Sidi, mais le vieux Kodja (secrétaire) n'est pas très-ingambe; il fait plusieurs tentatives inutiles; le cheval, du reste, se rebiffe; on dirait qu'il ne veut pas se laisser monter par un aussi humble cavalier de mulet. Lahoussin me regarde en souriant d'un air bon enfant, tout en lorgnant en dessous mon mulet : — « Allons, vieux malin, pas tant de façons; cela me va, d'autant plus que je suis éreinté de la monotomie d'allure de ma bête. Idir, tiens-moi mon fusil et donne-moi l'étrier...» Enfourché le coursier. « Maintenant, mon beau, mon bon, fais le gentil si tu veux, si tu l'oses.»

Nous sommes en plein dans les pins. La plupart sont petits; quelques-uns peuvent avoir de soixante à soixante-dix centimètres de diamètre; mais il n'y en a pas de gros. Les incendies allumés périodi-

quement par les Kabyles et dont je vois partout
des traces, les empêchent de le devenir. Nous montons par des sentiers très-raides et assez difficiles
pendant environ une heure. Partout où ma vue peut
s'étendre, les versants des montagnes formant les
bas-côtés du Djurjura et les ravins qui les décou-
pent, sont bien garnis de pins jusqu'à une certaine
hauteur, à laquelle les pins disparaissent entièrement
pour faire place à des vergers de figuiers, sous lesquels on cultive des blés et aux chênes à glands
doux, appelés *bellodes* par les Kabyles. Ceux-ci crois-
sent spontanément; mais comme leurs fruits servent,
à ce que m'en ont dit les Kabyles, à faire du pain
pour les plus pauvres, ils les conservent et les pré-
servent contre l'incendie. Cet arbre devient assez
gros et s'étend assez bien en branches; il est de la
grosseur de nos plus gros pommiers en plein vent.
Je crois même que le tronc est plus gros. J'aperçois
un vaste incendie à une demi-lieue sur le flanc d'une
montagne. Cette illumination mouvante est d'un aspect
fantastique, mais ferait saigner le cœur d'un forestier
de ma connaissance.

Ici le chemin devient un vrai casse-cou. Je comprends pourquoi Sidi a repris son mulet; il y est
plus en sécurité que sur son cheval noir, un peu
gros et qui n'est pas bâti en cheval de montagne,
et n'a même pas les jambes de devant très-bonnes,
très-sûres : il tient à ses os, le saint homme; il est
prudent.

Nous nous arrêtons près d'un très - vieux chêne
vert aux vastes branches. A ses pieds et autour de
son tronc est une espèce de banc circulaire en
pierres sèches : ce doit être un lieu de rendez-vous,
de délibération pour les hommes. Sous son ombrage
ont dû avoir lieu bien de vives et orageuses dis-
cussions; bien des résolutions, plutôt mauvaises que
bonnes, ont dû y être prises, arrêtées. — Sidi veut
ravoir son cheval. Je comprends le motif : nous
approchons, et il veut faire son entrée triomphale
dans ses domaines..... Un Kabyle sur un cheval de
bataille; diable! — Je lui prends sa mule blanche;
tout est pour le mieux; je ferai mon entrée derrière
lui plus modestement, il est vrai, mais aussi plus
sûrement, étant monté sur sa propre monture, que
tout le monde doit connaître. Un roumi sur la mule
du marabout Sidi-Djoudi! — J'irais partout! La nuit
tombe; nous passons près d'un groupe de maisons ou
plutôt de murailles, car je ne vois ni portes, ni
fenêtres, planté sur un point escarpé : il a plutôt l'air,
par son aspect sombre, misérable, et par son isolement, d'un nid de voleurs que d'une habitation d'hon-
nêtes gens. J'ai, du reste, entendu dire que mes
Kabyles étaient, il n'y a pas encore bien longtemps,
des détrousseurs de caravanes. Des Kabyles s'em-
pressent autour de Sidi : ce sont des témoignages et
marques de déférence de leur part, à n'en plus
finir. Sidi les reçoit avec beaucoup de bonhomie.
C'est un vieux finaud (à sa manière), qui connaît son

monde et la manière de s'en servir. Enfin, à une
portée de pistolet plus haut, nous arrivons au village
des Beni Amed, de la tribu des Medchidalas, où Sidi
a une maison et des propriétés rurales. Des Kabyles
arrivent au-devant de lui : compliments, etc. Nous
enfilons successivement deux courtes et très-étroites
rues ou plutôt ruelles, entre les murailles des maisons, et n'ayant d'autre pavé que les aspérités des
rochers; puis nous entrons par une porte-cochère,
une véritable porte-cochère à deux battants, dans
une cour, de chaque côté de laquelle, à droite et à
gauche, il y a une maison. La nuit tombe tout à fait.
On étend devant la porte de la maison qui est à
droite des tapis en sparterie, et on nous apporte
de l'excellente eau fraîche, des figues fraîches, de la
galette, toujours sans beurre, mais où il y a force sel;
c'est la collation. Sidi fait la prière en commun. Vers
neuf ou dix heures arrive le kouskoussou, que nous
mangeons au clair de la lune; puis Sidi m'engage
à entrer dans la maison. Il se couche sur une espèce de lit de camp, et moi sur mon tapis près
du vieux Lahoussin. On ferme la porte; mon fusil
a disparu. Nous nous souhaitons le bonsoir, et je
m'endors à la garde de Dieu et sous la foi des
traités, ou plutôt de l'hospitalité.

« Réveillez-vous! *trop* endormi;
« Réveillez-vous, car il fait jour! »

n effet, le soleil s'est levé avant moi. —
«Bonjour Sidi; si nous allions nous débarbouiller? — Saïd, conduis-moi à la fontaine...»
Maintenant je vois où je suis. Quels affreux
casse-cou de ruelles! larges d'un mètre et
demi et pavées par la nature, c'est-à-dire des aspérités, des anfractuosités de rochers, entre des murailles
faites de pierres et de terre de deux mètres de hauteur,
interrompues de distance en distance par des portes.

Nous gagnons la campagne en passant près de quelques Kabyles assis et causant sous un gros chêne
vert; nous traversons des champs de blé récemment
coupés et plantés de figuiers, et arrivons à un ravin,

de la pente duquel coule une fontaine. C'est une construction en pierres et chaux, fort originale; elle est adossée à un superbe frêne. Du reste, il y a beaucoup de ces arbres dans le ravin; je crois vous avoir dit que les Kabyles les taillent et donnent leurs feuilles aux bestiaux en guise de foin, comme je l'ai vu faire dans le *Bujet,* département de l'Ain.

J'ôte mon velours, retrousse mes manches jusqu'aux épaules et m'en donne à la manière arabe : je m'imbibe, me sature d'eau par le nez, les yeux, les oreilles, la bouche; puis, faisant jouer les appareils respiratoires, sternutatoires, en un mot, toutes les pompes foulantes et aspirantes de mon individu, j'opère le nettoyage, le curage à fond et complet de tous ces organes. Si seulement cela pouvait m'enlever le rhume de cerveau, dont je suis désagréablement affecté depuis plusieurs jours, cela me ferait bien plaisir; car, pour peu qu'il continue, vu la pesanteur spécifique de mes mouchoirs de poche et le défaut de savon, je pourrais bien en être réduit à la dernière extrémité :

> « Quand on a tout perdu,
> « Et qu'on n'a plus d'espoir, etc. »

ou à faire comme les dames et demoiselles kabyles, me servir de mes mouchoirs naturels.

Saïd fait ses différentes ablutions en croyant expérimenté; car Mahommed a eu la bonne idée de prescrire les ablutions comme devoirs religieux. Il y met le

temps ; il commence même, que dis-je, il y a longtemps qu'il a commencé à m'ennuyer avec ses renifle-
ments et expectorations sacrés. Quant à moi, je me
trouve parfaitement allégé et rincé.

En revenant, nous nous trouvons nez à nez avec
deux jeunes filles, qui s'évaporent à ma vue ; mais
elles s'apprivoiseront. — Vous figurez-vous du reste
deux jeunes fillettes de la Lorraine, une Goton ou une
Guiguitte ou autre se trouvant face à face, au détour
d'une haie, avec un Turc ou un Bédouin,... quels
cris !

Je m'arrête près de Sidi, assis avec des Kabyles
sous l'ombrage d'un vénérable chêne.

Ils ont l'air de tenir conseil ; ma venue les intrigue.
Pour les distraire et les amuser, car pour bien des
choses ils sont comme des enfants, et n'ont pas le
flegme apparent, la fausse dignité et indifférence des
Arabes, je leur tire sous le nez six coups de mon fusil
Duhon en un clin-d'œil.... ni vu ni connu.... Stupéfaction générale ! — est-ce qu'il serait sorcier ? — puis,
faisant jouer le grand ressort du milieu, je romps mon
fusil et le redresse aussitôt... nouvelle stupéfaction ! —
Quand je me suis un peu amusé moi-même de leur
étonnement, je leur donne mon fusil, qui passe de
main en main, et leur montre la manière de s'en
servir. Ils sont très-curieux et expansifs ; ils expriment
franchement leur admiration d'une arme qui tire six
coups pendant que leur fusil n'en tire qu'un. Je donne
à quelques-uns une ou deux charges de bonne poudre.

Je reviens avec Sidi à sa maison. Nous déjeunons avec de la galette chaude, mais sans beurre. Si on parvient à leur faire mettre du beurre dans la galette, ce sera un grand pas de fait vers la civilisation; d'abord, elle vaudra beaucoup mieux, ce qui n'est pas sans importance pour ceux qui aiment la galette au beurre, et il y en a beaucoup... C'est même un goût assez généralement répandu, et qui révèle chez un peuple une civilisation avancée. En effet, pour mettre du beurre dans la galette, il faut d'abord du beurre; puis, ensuite, qu'il soit frais, appétissant, ce qui annonce une certaine aisance, de la propreté, un goût exercé, plus exigeant, qu'on ne trouve que chez les peuples avancés en civilisation. Voyez, par exemple les Suisses, et en France les Normands, les Lorrains, etc.; il n'y a pas de pays en France, par conséquent dans le monde, où l'on fasse de meilleurs *Kiches* et galettes qu'en Lorraine, et surtout à Nancy; c'est que là le beurre et la crême sont excellents. Ceci a l'air d'une plaisanterie; c'est cependant le résultat d'une observation profonde et, je crois, très-vraie. —

Je vous disais donc que nous déjeunons avec de la galette sans beurre, des figues blanches et brunes, d'un goût exquis, et une espèce de fromage à la crême de lait de chèvre, très-frais, très-délicat, mais un peu doux; j'aimerais mieux du lait caillé. J'offre le café à Sidi; il ne le trouve jamais assez sucré et me mangera tout mon sucre. Laissons-le à ses affaires et voyons un peu les lieux.

Le village est situé en plein Sud, à un tiers environ de la hauteur de la montagne, qui me paraît la plus élevée du Djurjura et qui en est le dernier pic dans la direction de l'Est; il est isolé, mais on aperçoit un grand nombre d'autres villages dans un rayon de quelques lieues, plus bas ou sur les côtés.

Examinons l'établissement de notre hôte. Une porte cochère à deux battants, s'il vous plaît, en madriers de chêne grossièrement sciés, donne entrée dans une cour. La cour est fermée d'un côté par le mur, dans lequel est scellée la porte; des deux autres côtés, à droite et à gauche, par deux maisons; au fond elle se termine en terrasse, de laquelle on domine une immense étendue de pays.

Les toits en chaume, à deux pentes, sont soutenus par une faîtière et deux tabliers en pin. Les maisons sont l'une et l'autre divisées en deux compartiments : l'un très-petit, relégué à une extrémité, sert d'écurie; l'autre sert d'habitation. Bêtes et gens entrent par la même porte; du reste, leurs domaines respectifs sont bien près de se confondre : trois madriers debout, et qui paraissent destinés aussi à étayer la toiture, indiquent les limites plus qu'ils ne les closent. Les maisons, plus longues que larges, ont environ dix mètres de longueur sur sept de largeur.

Le long d'un des murs du compartiment des gens, à la hauteur d'un mètre du sol, règne un lit de camp de deux mètres de longueur sur un mètre cinquante centimètres de largeur, fait de madriers de cèdre :

c'est là le lit sans matelas où couche Sidi ; c'est là
aussi où il se tient accroupi dans la journée. En face
de la porte et contre le mur du fond est une immense
amphore de deux mètres de hauteur, d'un demi-mètre
de diamètre à son orifice, renflée au milieu et remplie
de blé. Tout le long des murs des morceaux de bois
enfoncés dans la maçonnerie servent à suspendre les
fusils, des vases remplis de miel, d'huile, etc. Dans
leur compartiment, les bêtes, attachées ou plutôt en-
travées par les pieds sur une file, ont la tête tournée
vers l'intérieur de la maison. Une des maisons a de
plus que l'autre le foyer au milieu. On y fait la cuisine ; aussi y fume-t-il toujours d'une manière déses-
pérante, à faire couler les larmes au plus insensible.
Je dois noter que cet établissement n'est qu'une maison de fermiers, servant seulement de pied à terre à
Sidi-Djoudi et à sa famille, quand leurs affaires les y
appellent.

De la terrasse on aperçoit le reste du village et on
embrasse un vaste panorama qui comprend une grande
partie de la vallée, qui est borné à l'horison par les
montagnes assez élevées des Beni Manzours et des Beni
Abbès, tribus fort industrieuses. On aperçoit aussi le
bordj des Beni Manzours, récemment construit par
nous. Il est occupé par une petite garnison française.
On voit au pied du mur de la terrasse une petite cour,
au milieu de laquelle est une chaumière conique en
jeunes pins, placés debout et réunis au sommet, et
une petite maison couverte en chaume ; elle est habitée

par un petit vieux Kabyle, un el hadj, fort poli et
de manières très-douces. Sa femme, bonne vieille commère aux yeux bleus, qui a une bonne expression de
physionomie, leurs deux grands fils, jeunes gens de
vingt à vingt-cinq ans et de mademoiselle Ayini, leur
fille, dont je vous reparlerai.

La plus petite des maisons de Sidi-Djoudi sert
d'habitation à son fermier et à la famille de celui-ci;
c'est aussi un petit vieux tout ratatiné, qui ne fait
guère autre chose que de regarder travailler sa femme;
celle-ci est une grande femme, maigre, sèche, tout
nerf; son visage est profondément sillonné de rides,
causés plus par le travail, les fatigues, les privations,
que par la vieillesse; car elle a les cheveux encore
tout noirs; elle a des grands et beaux yeux pleins de
vie et de vivacité; des dents blanches superbes, quoiqu'un peu longues. Quel âge a-t-elle? — elle n'en
sait rien, ni moi non plus. Elle a un fils de vingt-sept
à trente ans et trois autres plus jeunes. Le dernier,
M. Mohamed-ben-Hamouche, enfant d'une douzaine
d'années, est très-drôle, vif et familier.

Les vêtements de la mère sont ceux des femmes de
Beni Ala, sa tribu, et d'une crasse profonde. Au premier abord, sa figure est un peu dure; mais en l'observant, elle a l'air, au fond, d'une très-bonne femme.
Nous allons faire un tour avec Sidi. Il y a bien la
moitié ou un bon tiers du village en ruines et je remarque que la plupart des figuiers des vergers ne sont
que des rejets de deux ans, repoussant de gros troncs

brûlés. Sidi me dit, en souriant piteusement, que c'est l'ouvrage du capitaine Beauprêtre, du temps de la guerre avec les Français; que sa propre maison était même couverte en tuiles, et que le capitaine les a toutes cassées, tout en épargnant cependant la maison; il a surtout ses tuiles à cœur.

Il paraît que le satané capitaine, mécontent des méfaits de MM. les Beni Hamed, qui en commettaient de toutes sortes, comptant sur l'impunité que leur avait assuré jusqu'alors leur position, tomba sur eux un beau matin, au soleil levant, comme la grêle, comme la foudre, venant de je ne sais où, par je ne sais où, avec ses cavaliers et sa bande de Kabyles; cassa les tuiles de la maison du père Sidi-Djoudi, en forme d'avertissement, saccagea le reste et emmena une partie de la population prisonnière. Ce fut l'affaire d'un clin-d'œil; il fallait aller vite en besogne, sans cela il aurait bientôt eu tous les montagnards sur le dos.

La leçon fut rude, mais salutaire, et fit ouvrir les yeux à Sidi-Djoudi, qui faisait le récalcitrant. Il n'y a que le capitaine pour imaginer, combiner et exécuter de pareils coups avec autant de sang-froid et de prudence que de hardiesse et de promptitude. Il a commencé par les frapper de terreur; mais comme ses actes sont toujours empreints de justice, et que, peu à peu, il débarrasse les populations de leurs mauvais garnements, agitateurs, etc.; aujourd'hui ils ne jurent plus que par lui, et ont recours à ses conseils, même pour une foule de difficultés qui surgissent entre eux.

C'était là un écueil dangereux. Il a su le dominer, comment? c'est son secret. Du reste, maintenant, partout où s'étend son action, les routes, qui autrefois étaient de vrais coupe-gorges, sont sûres, ainsi que les marchés. Il existait des marchés en dehors de son action, situés de telle sorte que les plus faibles étaient souvent maltraités et dépouillés; il en établit d'autres dans des lieux ouverts à tous, d'un accès facile, où les actes de violences clandestins ne sont plus possibles. Aussi furent-ils bientôt fréquentés, tandis que les autres étaient abandonnés. Les masses apprécient toujours une volonté ferme qui sait renverser à temps les abus les plus puissants, quand ces abus profitent aux plus forts au préjudice des plus faibles.

Un jour il réunit un certain nombre de meneurs et leur dit à peu près : «Vous me témoignez tous de l'amitié; vous protestez de votre soumission, etc..... Eh bien vous me trompez tous! .... Toi, tu m'as envoyé du kouskoussou, ou je ne sais quoi, empoisonné; toi, tu m'as tendu un guet-à-pens, etc.;» chacun avait fait des siennes. — Mes gaillards étaient peu à leur aise et commençaient à croire que leur tête n'était pas en sûreté sur leurs épaules; ils savaient que le capitaine ne plaisantait pas sur ces choses, et ils se rappelaient la justice turque, un peu prompte, cruelle et sans rémission.

Les deys, quand ils découvraient des conspirateurs, les faisaient *illico* murer, comme matériaux de bâtisse, dans les murailles de quelques forts. D'après la tradition, il en existerait même plusieurs dans les murs de la Casbah et du fort de Babazoun. Ou bien encore, on les précipitait, tout vivant, du haut des murailles de Babazoun : ils étaient accrochés dans leur chute par des crampons aigus scellés dans la muraille, soit par le dos, le ventre ou d'autres parties du corps, et restaient ainsi accrochés jusqu'à ce que mort s'ensuive. —

Mais revenons au capitaine : «Je devrais vous punir ou faire punir comme vous le méritez; mais comme vous êtes tous des fous, et que vous ne savez ce que vous faites, allez en paix, et dorénavant prenez garde à vos oreilles.» — Cependant, avant de les congédier, il les rassembla en cours de justice, et leur fit juger un jeune criminel kabyle. Je vais vous le donner comme un échantillon. Quelque temps avant, le planton d'ordonnance était venu prévenir le capitaine qu'un jeune Kabyle demandait à lui parler en secret, et qu'il portait dans son burnous quelque chose de rond. — « Qu'il entre.» En effet, un jeune homme, de vingt à vingt-cinq ans, entre et, faisant rouler fort tranquillement et avec le plus grand sang-froid du monde aux pieds du capitaine une tête coupée, lui dit : «J'ai déserté de ma tribu pour aller avec Bou-Maza; j'ai gagné sa confiance, puis je l'ai tué, lui ai coupé la tête, volé son cheval, et me voilà — donne-moi une récompense. La preuve de ce que je te dis, c'est que j'ai trouvé près de Bou-Maza tels et tels, tes prétendus amis qui te trompent.» De ce nombre était une partie des chefs dont je viens de parler.

Le capitaine, qui est très-pénétrant et ne se laisse
pas tromper facilement, examina et fit examiner la
tête, ce n'était pas celle de Bou-Maza; il fit mettre
mon homme au bloc, comme il dit (en prison); puis
finit par découvrir ceci : ce jeune Kabyle était lié
d'amitié depuis longtemps avec un autre Kabyle. Celui-ci s'étant marié, il n'avait pas tardé à convoiter la
femme de son ami; il l'avait décidé à déserter avec lui
dans le parti de Bou-Maza; ils y étaient, je crois, restés
quelque temps, puis mon Kabyle, après avoir surpris
quelques secrets chez Bou - Maza, avait assassiné son
ami, lui avait coupé la tête, volé son cheval, et, la tête
de son ami à la main, tête qu'il faisait passer pour
celle de Bou-Maza, il était venu demander son salaire,
avec lequel il comptait acheter la veuve de son ami
pour en faire sa femme.

Ce gentil spécimen fut donc livré au conseil kabyle,
avec cette question : Que mérite-t-il? — «La mort.»
répondit en masse le conseil. — «Eh bien! cet homme
est de votre tribu, alors non parfaitement soumise; il
vous appartient : prenez - le; voilà!» — Ils l'emme-
nèrent; mais, arrivés à la porte du fort, on entendit
un seul cri : l'assassin et l'espion tombait la tête
fracassée à coups de pierres, aux pieds de la senti-
nelle. Celle-ci n'étant pas prévenue, ne savait sur
qui faire feu. La promptitude, du reste, de cette
exécution n'avait été, et n'avait pu être prévue par
personne.

Mais voici des visiteurs : je vois à la porte deux

grands gaillards de Kabyles, le long fusil sur l'épaule;
ils reviennent du marché avec un mulet chargé d'orge.
L'un d'eux est un homme de quarante ans, sec, osseux,
il a au moins cinq pieds huit pouces, sa figure longue
est ravagée par la petite vérole, et n'a que quelques
poils de moustache et de barbe; en somme, il est loin
d'être beau. Sa physionomie a tout à la fois l'expression de la rudesse, de l'énergie, de la bonhomie et de
la finesse. Son costume est simple : une petite chechia
de laine, originairement blanche, sur le sommet de la
tête; une tunique de tissu grossier de laine blanche;
sans manches, lui tombant jusqu'aux genoux et serrée
autour des reins avec une large courroie; un petit sac
en sautoir formé d'une petite peau, tout d'une pièce,
d'agneau ou de chevreau; une gaîne avec un couteau
à manche non fermant, un briquet pendant après la
gaîne; les bras, les jambes, nus; les pieds chaussés
de cothurnes, sans couture, faits de peau de bœuf,
le poil en dehors et attachés sur le pied par des
ficelles.

Cet ensemble, quoique très-simple, est cependant
caractéristique et pittoresque : homme, armes et vêtement. Ce grand gaillard a l'air d'être de fer; il ne paraît
pas fatigué, et cependant il vient de faire une marche
dans les montagnes, et quelles montagnes! par qua-
-rante-cinq et cinquante degrés de chaleur. — Moi,
depuis hier, je suis continuellement à l'état d'incan-
descence, et même de fusion.

L'autre est plus jeune, et n'est pas aussi saillant de

cachet; c'est l'avant-garde, car j'en aperçois une demi-douzaine d'autres sous les figuiers à une demi-portée de fusil; mais comme ils sont d'un autre village et armés, ils n'ont pas le droit d'entrer dans celui-ci. — Je ne sais, mais ces gaillards-là, ont plutôt l'air de cultiver, comme les anciens Écossais, la rasia à coups de fusil, que la terre à coups de pioche.

Nous nous examinons réciproquement, comme gens qui ne se sont jamais rencontrés dans leur société réciproque, ni même ailleurs; Je lui prends son long fusil, et en fais jouer la batterie : ce sont de véritables machines de guerre que les batteries d'un fusil kabyle, et il faut se casser les doigts pour les faire jouer. — « Très-beau et très-bon ton fusil.» (Je n'en voudrais pas pour rien, s'il fallait m'en servir.) Des paysans qui ne vont au marché que le fusil sur le dos :... Je suis ici en pleine barbarie, en plein moyen âge !

Seconde collation : De la galette, toujours sans beurre, mais très-salée, du miel, et pour boisson, de l'eau excellente, il est vrai. — Tout cela est bien léger. Pendant que Sidi fait la sieste, après s'être enfermé, je furète dans la cour et m'avance sur le bord de la terrasse. Mademoiselle Ayini est accroupie à l'entrée de sa maison; elle est occupée à fabriquer une petite cruche; déjà elle en a fait une de forme assez élégante, qui sèche au soleil. Son vieux père est assis sur les talons à côté d'elle; il ne fait rien; je crois qu'il sommeille. Ayini me regarde en dessous,..... oh les beaux yeux !... De la prudence.... de la prudence, et n'enfreignons pas les lois du pays!... — Voyez-vous un magistrat du peuple vainqueur, un doyen du tribunal, comparaissant pour un méfait devant un djemma kabyle (assemblée des notables). C'est que, d'après la coutume du pays, tout quidam surpris rôdant près de la maison d'autrui, est punissable d'une amende. Pourquoi? Il est supposé avoir des intentions de rapine quelconque. Tu en veux à ma femme, ou à ma fille, ou à ma sœur, ou à mon coq, ou à mes poules, ou, enfin, à quelque chose de mon bon bien.... Comme on connaît les saints, on les honore. Que dites-vous de cette coutume qui, en punissant l'intention, prévient le crime? C'est simple et naïf, direz-vous; mais aussi, après tout, d'un grand bon sens et d'une grande sagesse pratique..... Je m'effraie cependant à tort, car le cas n'est pendable, je veux dire punissable, qu'après le coucher du soleil, entre chien et loup! Allons flaner sur le devant de la porte.

Je suis observé fort curieusement, en cachette et à distance, par deux ou trois petites voisines : ce sont des petits rires, de petites cachotteries, des fuites subites, quand je fais un mouvement; en voilà une toute petite, surtout, qui a l'air plus curieuse que les autres; si je pouvais l'attraper, j'aurais bientôt les autres. Vous savez qu'à la tendue des petits oiseaux, le plus difficile est d'attraper le premier; avec lui, on en a bientôt d'autres. Je fais briller une petite pièce de quatre sous toute blanche : rien! elle n'ose; je l'appelle : elle se sauve!

Bon ! voilà heureusement mon ami Hamouche, fameux espiègle, maraudeur de figues, etc., polisson
fini. — « Hamouche, il faut que tu m'attrapes et m'a-
mènes cette petite. » Hamouche, en vrai furet, se faufile
derrière des tas de pierres ; puis, tout à coup, tombe à
l'improviste au milieu du groupe d'oisillons et happe
ma petite ; le reste s'évanouit, disparaît dans des trous
de souris. Il me l'amène, bon gré mal gré, triomphant :
Qu'elle est gentille ! cinq ou six ans, toute menue,
petite et mignonne ; de grands yeux vifs, à la fois
étonnés et espiègles ; un petit nez retroussé et tout
court coupé ; la bouche un peu grande, mais épanouie,
rieuse et laissant voir de jolies dents blanches ; une
chevelure châtain, soyeuse, affreusement emmêlée ;
de toutes petites mains, de tout petits pieds — mais
quelle malpropreté ! La figure, le cou, la poitrine, les
épaules, sont couverts de plusieurs couches épaisses de
crasse. — « Petit monstre, tu ne t'es donc pas lavé depuis
les dernières pluies d'il y a six mois, et tu ne t'es certainement pas peigné depuis que tu as des cheveux ? »
La pauvre petite est toute émue, craintive ; elle tremble
et frissonne entre mes mains comme un petit oisillon
tombé à bas de son nid et menacé par un gros et
méchant oiseau ; elle jette de petits cris, ne sachant
trop si elle veut rire ou pleurer. Je l'amadoue avec
du sucre : « Va te laver, et je te donnerai quelque
chose. » — Une plus grande, avec laquelle je suis déjà
en bonne relation de voisinage, l'emmène ; elle revient
un instant après, toute fraîche et débarbouillée ; elle est

déjà changée ; elle est charmante. — « Mais tes cheveux ? » — « Je n'ai pas de peigne. » — C'est une raison,
mais pas absolue ; « peigne-toi avec tes dix doigts ; car
je ne te prêterai pas mon peigne, et pour cause. » La
plus grande la ramène ; elles disparaissent derrière
une ruine ; je les examine à travers un trou ; la plus
grande la démêle avec ses doigts. Dahia, car c'est
ainsi qu'elle l'appelle, Dahia ne bouge pas ; elle fait
les plus drôles de petites mines qu'on puisse voir,
tout à la fois sérieuses, graves, espiègles ; c'est sans
doute sa première leçon de coquetterie !

On ne plaisante pas avec ces choses-là ; je n'ai jamais
recherché à quel âge ce sentiment, si cela peut s'ap-
peler un sentiment, ou plutôt cet instinct, venait aux
petites filles ; j'ai ouï dire que la maman le trans-
mettait à son enfant même avant sa naissance, avant
le lait : ce serait un sentiment, un instinct féminin
originel.

Enfin elles reviennent : imaginez-vous ce que peut
être une petite tête peignée pour la première fois avec
les doigts. Je lui donne, faute d'autre chose, une petite
pièce de quatre sous, toute neuve : quelle folle joie !
elle se sauve à toutes jambes avec son trésor. Je descends la rue, ou plutôt la ruelle, vers la maison
d'Ayini ; je crois entendre chanter doucement dans
cette direction. En effet, c'est Ayini qui chante à mi-
voix, comme en cachette, en confidence, un petit air
kaybile sur un rythme étrange, qui doit remonter à
la plus haute antiquité. Sa voix est très-jolie, d'une

douceur et d'une pureté infinies; il y a dans son petit air un ton de complainte, une poésie naïve, gracieuse qui vous reporte à une autre époque, à un autre âge.

J'entends marcher vers moi : c'est la mère d'Ayini; ella a dû être très-belle et a de plus une excellente figure; l'organe de sa voix est harmonieux; ses manières sont simples, mais très-convenables. Elle est accompagnée d'une autre femme; elle m'entreprend et veut, je crois, me convertir et me faire dire : «Dieu est Dieu et Mahommed est son prophète.» Est-ce qu'elle aurait des vues sur moi pour mademoiselle sa fille? moyennant douros de ma part, bien entendu! En attendant, elles me demandent de petites pièces; je leur en donne chacune une.

En rentrant, une jeune fille de quinze ans apparaît là où Dahia a disparu. Elle a bien envie d'approcher; une jeune femme se montre derrière elle : avec ce renfort, elle s'approche et m'examine; puis, d'un geste rapide de la main, et avec une expression d'envie féminine fort comique, elle me demande ma cravate. Heureusement un homme débouche par la ruelle et ces dames s'éclipsent.

Qu'y a-t-il donc dans la maison de Sidi? j'entends des voix plus qu'animées. Voyons ce que c'est : Ah! c'est jour d'audience; le tribunal est en séance; l'auditoire nombreux. Sidi est assis sur ses talons, siégeant sur son lit de justice; Lahoussin, son cadix, greffier, etc., est accroupi à terre sur mon tapis : il a pris en affection mon tapis. En général, les Arabes

7

et les Kabyles sont très-portés à prendre en affection ce qui ne leur appartient pas et ce qui ne leur
coûte rien.

Sidi écoute les plaidoiries : la parole est à une femme
qui se plaint qu'un caïd, vieux bonhomme à figure
de filou, usurpe une partie de son jardin, si ce
n'est même le tout. C'est une femme de vingt-cinq
ans : elle a une belle tête, au profil un peu marqué ;
c'est plutôt un type lorrain qu'arabe. Ses yeux sont
bleus et sa chevelure blonde ; son regard est assuré et
ferme ; sa parole, un peu vive, mais digne et dégagée
de toute timidité (ce vice n'existe pas chez les indigènes) ; un énorme marmot de dix-huit mois grimpe
sur son dos, passe d'une épaule à l'autre, roule sur
ses genoux, regrimpe en se cramponnant aux seins ;
passe alternativement de l'un à l'autre, et les suce
avec un sans-façon et un air de maître, d'enfant
gâté. La mère continue son discours, sans y faire
attention, si ce n'est pour chasser les mouches qui
lui piquent le bout du nez, ce qui la met en grande
colère. Elle est adossée à une poutre verticale, qui
soutient le toit et qui sépare l'écurie du reste. Le
cheval de Saïd, aussi ficelle au moral qu'au physique,
allonge son museau en forme de trompe et atteint, en
flairant, la nuque de la plaideuse, espérant trouver,
carotter quelques croûtes de galettes dans les vêtements. Celle-ci ne se retourne même pas, et fait seulement un petit mouvement, comme pour chasser une
mouche.

C'est au tour du scheik : il réplique. Il est doucereux, mais sardonique ; il sourit d'une mauvaise manière ; je ne sais ce qu'il vient de dire, mais la femme éclate furieuse ; elle a l'air de lui dire : tu en as menti — Tu voulais —.... je n'ai pas voulu.... vieux filou !

Sidi Djoudi, toujours impassible, calme l'orage avec sa voix et son ton paternes. Lahoussin lui fait un signe... «Y a-t-il un titre ?...» La femme tire des plis de ses vêtements un morceau de papier roulé sur lui-même, usé, maculé, et dont l'écriture paraît à peine. Elle le passe à Lahoussin ; celui-ci met son pince-nez et cherche à le déchiffrer, puis le passe à Sidi, qui met également son pince-nez, essaie de lire, puis le repasse à Lahoussin. Le vieux cadi, greffier, etc., parvient à le lire, ce qu'il fait sur un ton de récitatif. Le titre est repassé de nouveau à Sidi, qui le lit à son tour, aussi en le récitant. Il a la voix très-juste et mélodieuse, Sidi. Il se consulte avec Lahoussin et prononce son jugement avec une expression tout à la fois de dignité, de bonhomie et de sarcasme : le vieux scheik est enfoncé sur toute la ligne, aplati. La femme se lève, va baiser les mains de Sidi, et s'en va. Si nous étions dans les environs de Tunis, je dirais : Saint-Louis a passé par là !

C'est un va et vient continuels d'entrants et de sortants, des réclamations, des conversations d'affaires, etc., au milieu desquels il y a des bons mots suivis de rires. Saïd ne perd pas l'occasion de faire rire Lahoussin ; ses plaisanteries le font éclater comme un enfant.

Celui qui entre adresse de la voix des compliments
à la société, puis s'approchant de Sidi, lui baise la
main, ou les vêtements, ou l'épaule, ou le haut de la
tête, selon sa position sociale, la nature ou l'importance de sa demande. Alors commence une série, un
échange de compliments interminables.

Sidi est bon prince, bon homme avec tout le monde,
et surtout avec les femmes; il les appelle par leur nom
et les caline du regard et de la voix, le vieux sournois.
Elles s'approchent tout près de lui, lui racontent mys-
térieusement leurs griefs et demandes; elles apportent presque toujours une petite cruche remplie de lait
pris ou de fromage. Sidi m'en envoie.

Idir, qui a l'air d'un moine quêteur, entre d'un air
satisfait avec Ibrahim. Saïd ne tarde pas à montrer sa face
épanouie : il a senti qu'il y avait quelque chose à lécher.
En effet, quelqu'un vient d'apporter de la vallée un gros
panier de figues de Barbarie; grand régal général !

Si tous ces montagnards témoignent beaucoup de
déférence à Sidi, c'est surtout parce qu'il est le descendant d'un grand marabout et qu'il a hérité du prestige religieux de son ancêtre, qu'il sait entretenir par
une certaine habileté; mais une fois les politesses,
marques de déférence exprimées, chacun reprend son
franc parler et lui dit nettement, crûment ses griefs
et réclamations contre lui-même et les autres. Je crois
que ce n'est qu'à force de patience, de sang-froid et
en sachant prendre son monde, qu'il en vient à bout;
s'il les brusquait, il n'en ferait rien.

Toute la société se régale de figues de Barbarie : c'est un impromptu ! Brahim en avale, comme des huîtres, d'un seul coup ; on rit, on plaisante, on joue ; ces Kabyles sont bavards comme des pies et gais comme des pinçons. Il y a quelque chose à faire avec ces gens-là ; on ira même très-vite avec eux, si on sait les prendre.

Le vieux Lahoussin fait mon bonheur. Il ne bouge pas de dessus mon tapis ; Saïd lui débite des calembredaines qui le font rire aux éclats, et pendant ce temps, mon finaud lui mange ses figues ; le vieux a une expression de physionomie très-spirituelle.

La chaleur est excessive. Je vais avec *Michto*, fils aîné de Hamouche et de Fatma, à la fontaine, me régaler d'eau fraîche à l'intérieur et à l'extérieur ; nous rencontrons sous les figuiers une bande de petits garçons, qui nous suit. Ils s'établissent autour de nous pour me regarder. Quels petits grippe-soleil ! Ils ont la tête rasée et nue, quoiqu'il fasse un soleil à calciner du granit ; la plupart ont une chemise pour seul vêtement, encore est-elle souvent en fort mauvais état. Quelques-uns n'en ont même qu'un lambeau ; ils vont tous nu-pieds, dans les rochers, partout. Ils ne sont ni gros, ni gras, ni frais, mais très-vivaces, très-éveillés. Ils ne font pas autre chose que garder les chèvres, les moutons, polissonner, aller à la maraude aux figues qui commencent à mûrir. Ils sont parfaitement crasseux : ce n'est cependant pas l'eau qui leur manque.

A mon retour je rencontre Saïd, qui venait au devant

de moi ; nous nous arrêtons à un carrefour, où trois ruelles se croisent ; c'est un lieu de réunion et de conversation : on y trouve toujours du monde.

La réunion est nombreuse ; il y a une douzaine d'hommes de tout âge : les uns sont assis sur un rocher, les autres debout contre la muraille ; les vieux appuyés sur leurs bâtons ; d'autres enfin accroupis sur une espèce d'estrade ; ceux-ci raccommodent leurs souliers, font de la sparterie, fument, etc. Tous jasent plus ou moins.

On m'engage à monter sur l'estrade, ce que je fais ; j'achète la pipe d'un voisin.

On parle politique ; les affaires d'Orient sont sur le tapis. On me demande des nouvelles de Moscou et de Stamboul (Constantinople). Le conflit qui se prépare, paraît les préoccuper beaucoup : il prend pour eux le caractère d'une question religieuse ; car si la Mecque est pour les musulmans le foyer religieux de l'islamisme, Constantinople en est le boulevard, le rempart armé. De même que Rome est le foyer religieux du christianisme orthodoxe, du catholicisme, et la France son chevalier toujours armé de toutes pièces, prêt à combattre en tous temps, en tous lieux, de toutes les manières, le plus fidèle et le plus vaillant.

La France souffrira-t-elle que le sceptre de la civilisation moderne devienne le knout d'un baskir et que son influence civilisatrice ne rayonne plus sur l'Orient, arrêtée par l'aveugle, le glacial et abrutissant despotisme russe ! — Je ne m'occupe pas de politique, mais je ne comprendrais pas qu'on souffrît que la seule grande voie de contact, et peut-être de fusion entre les civilisations d'Occident et d'Orient, soit ainsi barrée par la lance d'un kosaque.

Un vieux bonhomme, à barbe blanche et pointue, le chapelet autour du cou, — un sidi el hadj, — m'entreprend sur la religion; il veut aussi, je crois, me convertir : « Je suis chrétien... toi musulman... Dieu est grand, et va te faire ....., vieille ganache!... » — Saïd l'envoie se promener.

Le mouvement de va et vient continue dans la cour, visite sur visite. Sidi accueille, écoute tout le monde et sourit d'un air bonhomme. Il paraît connaître à fond ces natures assez rudes, susceptibles, promptes, et qu'il est plus facile, à moins d'être un grand homme, de prendre avec du miel qu'avec du vinaigre.

Sidi a dépassé la cinquantaine; c'est un bel homme de cinq pieds huit pouces, bien fait, à l'œil fin, au sourire doux et agréable, à la démarche digne; ses gestes et son maintien sont très-convenables; il a même une certaine distinction dans toute sa personne. — Il a dù être beau garçon dans son temps et homme à bonnes fortunes kabyles. Quand il se promène dans ses domaines, je me figure un ancien seigneur de village. Il est très-entêté et arrive presque toujours à ses fins; sa nature kabyle peut au besoin se révéler dans certaines circonstances.

Une tribu puissante, les Beni-Secca, l'avait menacé, s'il pactisait avec les Français, de lui incendier ses maisons et de lui couper ses figuiers et oliviers. Il leur répondit : « J'ai donné ma parole ; faites ; mais je vous retrouverai plus tard. » — Il n'y a guère que deux ans que le capitaine Beauprêtre l'a décidé à se soumettre.

Ah çà ! quand dîne-t-on donc ici ? je ne tiens pas précisément à l'heure juste, heure militaire, car je ne pousse pas la régularité systématique jusqu'à ne vouloir plus dîner quand l'heure est passée .... mais je tiendrai assez à la chose.....

A la bonne heure, voilà le vieux Hamouch qui sort de son trou de maison avec un immense plat de kouskoussou au poulet, à l'oignon et à la courge, qui me ferait sauver par-dessus les murs en d'autre circonstance et d'autres lieux ; mais à la guerre, comme à la guerre ! — Saïd me choisit les meilleurs morceaux qu'il arrache et déchiquète avec ses doigts. Je me passerais bien de la politesse ! .... Du reste, on me donne à part un petit plat de kouskoussou. Une sauce brûlante, au piment, au poivre et au sel est versée sur le tout. Chacun creuse devant lui pour en avoir davantage. Je mange de bon appétit, avec les yeux et les dents de la foi ; l'eau est excellente et à discrétion. Le petit Hamouche rôde autour des mangeurs avec les chats pour attraper quelques bribes. Avant et après le repas un mot de prière en regardant dans la paume des deux mains ouvertes et juxtajointes par les petits doigts.

« *Tabulis remotis*, » j'offre le café à Sidi. Quel consommateur de café ! il n'en a jamais assez, et puis il me chippe mon sucre.

La galette le matin, et je crois, pas toujours, — et le kouskoussou le soir, pas toujours non plus, voilà l'ordinaire des Beni-Hamed. Le poulet et la viande sont de luxe. Je crois qu'ils mangent ordinairement le kouskoussou à l'huile. Ils ont l'air assez pauvres et paresseux ; rien, cependant, ne les empêcherait de défricher et de planter des figuiers, dont les fruits excellents sont, pendant l'automne, leur principale nourriture ; ils en font aussi sécher sans beaucoup de soins, et les portent sur les marchés arabes, où ils les échangent contre du blé, de la laine, etc. ; ils en portent beaucoup à Alger.

Quand M. le Gouverneur aura achevé la conquête et la pacification de la Kabylie par des expéditions, comme celle qu'il vient de faire pendant le printemps dernier, grande, forte, mais sage et féconde en résultats pour l'avenir ; — quand il aura achevé de la sillonner par des routes, alors on pourra utiliser leurs bois de pins ; on pourra penser à leur donner de nouvelles cultures et industries, telles que la culture de mûrier et l'élève du ver à soie, pour occuper leurs enfants oisifs ; — mais ceci est du domaine de l'avenir. Cependant il serait possible, dès à présent, de faire des semis de châtaignier, pour remplacer comme aliments leurs glands doux. — Il y a bien des choses à faire. — Je ne vois aucune industrie chez les Beni Hamed, si ce n'est le trafic. Les Beni Hamed ont peu de terres labourables ; ils en tirent bon parti en y semant du blé et de l'orge ; ils ont encore quelques champs de fèves, et dans les endroits humides ils cultivent des courges. N'ayant pas de pâturages, ils n'ont d'autre bête à lait que les chèvres, qui encore en donnent fort peu, l'herbe et les bourgeons étant devenus rares dans cette saison.

Tous ces malheureux, ignorants et encroûtés de préjugés, ne comprennent pas encore bien, ou, peut-être, ne veulent pas s'avouer à eux-mêmes tout ce que répandra un jour parmi eux de bien-être matériel et moral la venue des Français.....

C'est en ruminant toutes ces choses que je m'endors sur mon tapis près du vieux Lahoussin. Sidi ne veut pas que je me couche dans la cour, comme les autres, à la belle étoile. Au milieu de la nuit je suis réveillé en sursaut par des cris affreux poussés tout près de moi : c'est cet animal de cheval noir de Sidi, mon voisin de lit, qui se fâche contre celui de Saïd qui, selon ses habitudes de maraudes, a allongé son long cou et son long museau, et a chippé à l'autre ce qu'il a sous le nez. Je n'ai jamais entendu de pareils hennis-sements.

Sidi part de grand matin avec Idir pour ses affaires. Me voilà seul! Je flâne dans la cour : l'oisiveté, comme le voisinage, est la mère de tous les vices. Je fais l'œil à Ayini : elle peint ses deux petites cruches; je lui de-mande de l'eau pour entrer en conversation; elle m'en passe : c'est une belle grande fille, un peu mince. Sa physionomie est très-douce. La coquette, sans faire semblant de rien, dénoue ses cheveux, qui aussitôt tombent en inondant de leurs boucles son visage et ses épaules ; à travers brillent ses grands yeux noirs ; elle les démêle avec un peigne ; quel luxe ! mais quel dommage que ses vêtements soient si malpropres ; elle ne les a jamais quittés depuis la première fois qu'elle les a mis, même pour se coucher.

Je m'assieds sur une pierre pour prendre quelques notes. Voilà un bœuf qui rentre ; il vient droit à moi ; puis s'arrête tout étonné en me voyant, et me regarde ; il paraît que j'ai pris sa place ; il a l'air de se dire : qu'est-ce que c'est que cet animal-là ; je n'en ai jamais vu comme cela ! il flaire mon calepin, dont la couverture est verte ; est-ce que par hasard il le prendrait pour une feuille de n'importe quoi, le bœuf qu'il est ? — C'est chose admirable que la douceur de caractère de ces grosses bêtes avec les gens, même des taureaux ; mais elle s'explique par leur vie, pour ainsi dire en famille, sous le même toit et presque côte à côte avec elles.

Je vais avec Saïd faire un tour dans le village. Nous entrons dans quelques maisons. Il y a sur les côtés quelques petits compartiments, à la hauteur d'un demi-mètre, de plus que dans celle de Sidi ; elles sont intérieurement assez propres. Ma cravate excite l'envie de ces dames, qui ne se gênent pas pour me la demander. Je fais semblant de ne pas comprendre. Nous descendons vers le groupe de maisons près duquel nous sommes passés avant-hier. Un grand Kabyle nous accueille bien : c'est un homme de cinquante ans, aux yeux gris bleus, à la barbe blonde, mêlée de gris. Sa physionomie a presque l'expression de bonhomie d'un paysan lorrain. Le capitaine lui a un peu abîmé ses propriétés, quoiqu'il prétende ne s'être jamais battu contre les Français ; il ment ; mais tout est à peu près réparé, et il ne se plaint pas ; il se souvient seulement de la leçon salutaire. Des femmes sont occupées à fa·briquer, ou plutôt à édifier une immense amphore de deux mètres de haut, avec les seules mains, sans aucun instrument. Le vase terminé, on le laisse, je crois, exposé au soleil pour le consolider et le sécher, puis on fait du feu autour et au milieu pour le durcir.

Nous le quittons et allons par un sentier des plus pittoresques visiter une source un peu plus bas ; trois jeunes filles ont deviné notre intention. Je les aperçois bientôt, une outre vide sur le dos, courir furtivement dans la même direction : elles veulent voir le Roumis. En effet, nous les trouvons à la source, remplissant leurs outres ; je demande à boire à l'une d'elles, et elle m'apporte avec beaucoup de complaisance une petite cruche qui leur sert à remplir les outres. Elle a la figure un peu longue, mais très-distinguée ; de grands yeux noirs et de belles dents ; ses formes sont sveltes ; elle n'a pas plus de quinze ans, le bel âge!... son petit nom est Adidi. Nous sommes surveillés par un jaloux, qui fait semblant de faire boire son mulet.

En revenant, nous sommes attendus sur le chemin par un jeune aveugle d'une douzaine d'années : il m'offre une perdrix vivante, qu'il tient prisonnière dans une

petite cage conique. Si on pouvait décider ses parents
à nous le confier, pour faire son éducation et apprendre
un métier dans l'institution de Paris ; quand il revien-
drait ce serait un petit prodigue au milieu des siens,
et les aveugles en général aiment à raconter..... Petit
moyen.....

Nous rentrons; Sidi est revenu. — De la fontaine, où
nous allons ensemble, j'aperçois, avec ma longue vue,
sur l'extrême pic de la montagne, aux flancs de laquelle le village est bâti, des hommes, gros comme
des épingles. Je le dis à Sidi, qui s'amuse à les regarder aussi avec ma longue vue. Il est enchanté de
pouvoir les apercevoir à une si grande distance.

Sur le pic de la montagne est un lieu saint, très-
vénéré des Kabyles, qui y viennent en pèlerinage. Le
Tamgout et Lella Kœdidja, c'est-à-dire, le pic de Madame Kedidja. C'est aujourd'hui jeudi, et les Kabyles
y sont arrivés ce soir; ils y passeront la nuit et la matinée de demain vendredi, jour consacré plus particu-
lièrement aux devoirs religieux chez les musulmans.

Je cajole Sidi pour qu'il m'y fasse monter; il sourit
selon son habitude, mais ne dit ni oui, ni non; —
veut-il me faire désirer? veut-il me refuser?

Il paraît que jusqu'à présent, ni Arabe, ni Turc, ni
Maure, et encore bien moins chrétien, n'a hasardé le
pied dans ce lieu sacré : quiconque l'eût osé, n'en
serait pas revenu, vivant du moins. — «Brahim, mon
cher Brahim, homme fort comme tes montagnes, il
faut que tu me conduise là haut, et que j'en revienne

avec ma tête sur les épaules...» Brahim fait la sourde
oreille. — « Il n'y a pas de chemin; mais avec des jarrets comme les tiens, on en fait, des chemins, ou plutôt
du chemin. » — J'examine les abords, les pentes, etc.
L'ascension me paraît très - possible; je ne vois qu'un
massif de cèdres à traverser, mais pas de fouillis de
broussailles impénétrables.

Nous rentrons; Sidi s'aperçoit que je suis tristement préoccupé. Ce que j'ai, je ne le sais.... un moment de tristesse; cela m'arrive parfois : c'est une
vieille habitude; quelque retour!..... Il m'appelle :
«Monsieur Hou!» Il décroche un petit pot suspendu
au mur, au - dessus de son lit, et en tire du miel,
qu'il met sur une espèce d'assiette et m'offre avec son
sourire calin. — Vieux tentateur! vieux corrupteur!
est - ce qu'il me prendrait par hasard pour un enfant,
avec ses séductions de nourrice? — Il a dû être dans
son temps un fameux cajoleur de femmes et de filles...
Oh, le vieux gourmand!.... C'est qu'il est très - bon,
son miel en rayon.

Le soir, j'aperçois un feu briller sur le tamgout de
de Lella-Kedidja, la maraboute; les pèlerins festoyent.
Nous soupons ou dînons, comme vous voudrez, au
clair de la lune; puis, nous nous étendons sur des
nattes, pour jouir de l'air velouté d'une magnifique
soirée, avec d'autant plus de délices que la journée a
été brûlante. Saïd entreprend le vieux Lahoussin et le
fait rire; quel rieur que ce vieux bonhomme! Ali s'est
mis près de moi; il me joue sur sa flûte des airs ka-

byles, que j'écoute avec beaucoup d'intérêt et d'attention, cherchant à les retenir. La cour s'emplit peu à
peu à ses accents, qui tiennent éveillée et charme leur
imagination. Sidi lui - même vient se coucher à mes
côtés.

La flûte champêtre, la flûte de roseau des bergers
de Virgile, n'est plus une fable, un mythe : Ali me
joue tout son répertoire, les airs des Beni Ala, des
Beni Mechedalas (où nous sommes), des Beni Secca,
des Zouaouas, etc. : ce dernier surtout a quelque chose
d'étrange, et même de compliqué, fort original; moi,
qui retiens assez facilement la musique d'un opéra,
je ne puis me le fourrer dans la tête.

Je n'aime pas notre flûte; elle est prétentieuse, va-
niteuse, impuissante et fausse; ce n'est ni la voix humaine, ni la voix des oiseaux. Si j'étais flûteur, je
briserais mon sot instrument en entendant le rossignol
par une belle nuit de printemps : elle est aux autres
instruments ce que la voix d'un castrat est aux autres
voix. Lahoussin me montre un jeune homme, aux
grands yeux noirs, à la figure un peu maigre, mais
expressive : c'est aussi un virtuose.... un chanteur.
« Chante donc. » — Comme il est aussi étendu à terre,
il rampe jusqu'à Ali. Il chante à mi - voix, sur un ton
très-élevé, avec une justesse, une délicatesse d'oreille
et de gosier remarquables, et même avec beaucoup
de sentiment musical. Sa voix est à la fois très-douce
et très - pénétrante; il a, comme Ali, le feu sacré.
Ali répète sur sa flûte ce qu'il chante. Si la voix hu-

maine, et surtout celle de la femme, est l'expression touchante, émouvante, passionnée de la poésie musicale, la flûte d'Ali en est pour ainsi dire le souffle. J'aperçois l'âme d'Ayini, appuyée contre une ruine; elle écoute aussi; est-ce le prestige du chant? ils paraissent tous sous le charme, et dans ce moment pas une méchante pensée n'est dans leur cœur. Il me semble que je suis, comme les autres, sous le charme. C'est qu'aussi tout porte à l'imagination. Après une journée embrasée par le soleil d'août et le souffle du Siroco, une nuit douce et paisible à l'air embaumé, velouté, et par un beau clair de lune éclairée. La lune, c'est l'astre de la poésie nocturne; sa demi-lumière est comme un voile, dont la transparence ne laisse voir que les perfections; c'est comme un prisme qui permet à l'imagination de poétiser, de sentimentaliser les êtres et les choses; d'animer, de peupler les ombres de ses rêves. Aux lueurs de la lune, les regards des femmes éclosent et brillent divinement de mystères divins, comme éclosent et brillent les fleurs aux rayons du soleil; alors toutes les femmes sont belles, car c'est l'astre qui éclaire leur âme et leur cœur... Oh!... mais...

Au-dessus de nous le pic de Lella Keddidja, à la pointe duquel brille comme une étoile fantastique un feu allumé par les pèlerins. A nos pieds les vagues profondeurs de la vallée et ses bruits étranges; à l'horizon les silhouettes ombrées des montagnes. Je n'ai jamais entendu de concert dans une salle ornée d'aussi grandioses, d'aussi merveilleuses décorations, la lune pour lustre. Et me voilà à quarante lieues d'Alger, au delà des vallées, au-dessus des forêts, dans un village du Djurjura, perché comme un nid d'aigle, seul au milieu de ces Kabyles, qui ont horreur de l'étranger, fanatiques de leur indépendance, ayant tous quelque mort à venger, et, au lieu de m'égorger, ils veillent sur moi et, pour m'amuser, me chantent leur antique poésie, chants d'amour, chants de guerre, de combat, légendes d'histoire; est-ce un rêve?... Cette soirée restera à tout jamais profondément gravé dans ma mémoire.

Sidi se lève et m'engage à venir me coucher. Je le laisse aller. Il est enchanté de me voir sous le charme de sa soirée musicale au clair de la lune. Il a son idée, le bonhomme. Il me rappelle: de la prudence; cédons. Il doit avoir des motifs pour me mettre sous clef. Peut-être craint-il qu'un Beni-Melikeukh (tribu hostile et très-voisine), ou même un ennemi personnel, ne soit tenté de me canarder, dans l'intention de lui jouer un mauvais tour.

Je remercie mes artistes kabyles du plaisir qu'ils m'ont fait éprouver, et je les laisse, très-flattés de l'attention et de la satisfaction que je leur ai manifestées. Saïd, qui a le caractère passablement jaloux, tout en reconnaissant qu'il a une voix comme un jeune coq dans la mue, m'assure qu'il me chantera une chanson kabyle de cent couplets, une véritable épopée; ce sera pour une autre fois.

Je suis réveillé, longtemps avant le jour, par une

voix qui murmure : c'est Sidi, récitant ses prières sur un ton de litanie. Sa voix a du charme ; elle est très-juste et musicale. Le vieux Lahoussin se met de la partie : ces prières, dites dans l'obscurité, et que j'entends à moitié endormi, me font un singulier effet.

Quand le jour est venu, je me lève. C'est aujourd'hui que nous partons pour le village de Sidi : c'est le grand jour. Si j'en reviens, je me croirai invulnérable. Ma gentille petite Dahia, qui n'a plus peur de moi, qui me guette toujours et me sourit, a quelque chose à me demander ; mais elle n'ose approcher ; il y a trop de monde autour de moi ; elle se sauve en trottinant menu, chargée de son petit frère, qui est beaucoup plus gros qu'elle, et qui commence déjà à exercer la domination de l'homme sur la femme. Mets-le par terre, et s'il pleure, fiche-lui le fouet, jusqu'à ce qu'il se taise, le paresseux et égoïste môme ; cela lui formera le caractère et le cœur, au méchant drôle ! Les grands moyens ! il n'y a que cela ! —

Nous déjeunons, et vers cinq heures du matin nous nous mettons en route. Ah ! voilà la petite Dahia avec toute sa marmaille, échelonnée sur les ruines pour me voir passer. « Adieu Dahia ; » — est-elle gentille, cette petite ! — Nous commençons à contourner la montagne en marchant du Sud à l'Est ; puis, de l'Est au Nord. Nous traversons de hautes broussailles où le chêne vert domine ; elles sont interrompues par des champs. De temps en temps on aperçoit, campé dans un joli site, un gourbis avec son jardin cultivé d'une espèce de courge et de blé de Turquie. La vue est immense. De l'autre côté d'un profond et large ravin, je remarque une montagne, dont une grande partie est noircie; c'est la trace d'un récent incendie. Les Beni-Melikeuches habitent l'autre revers. Ils sont en guerre avec nous; ils sont très-indépendants et belliqueux. Habitant des montagnes stériles qui ne produisent pas assez pour leur consommation, bloqués partout et manquant conséquemment de moyens d'existence, ils préfèrent vivre de misère, souffrir même de la faim, plutôt que de se soumettre. Je crois que si on donnait carte blanche au capitaine, il les aurait bientôt aplatis.

Nous montons, puis redescendons et passons près de deux maisons précédées de jardins plantés de blé de Turquie et de fèves, et ressemblant à deux fortifications. Cet endroit est très-joli et agreste. Plus loin, sur le bord du chemin, qui est assez large, mais très-rocailleux, notre avant-garde, composée de trois ou quatre Kabyles armés de leurs longs fusils, s'arrête devant une maisonnette carrée, abritée par un frêne magnifique, aux branches duquel sont grimpées et suspendues des vignes; c'est une fontaine. Nous regrimpons un peu, puis redescendons; les pentes et les sommets des montagnes que nous longeons, les laissant à gauche, sont garnis de cèdres. Nous nous arrêtons près d'une source, derrière laquelle se trouve un petit massif de chênes, pas très-hauts, mais assez forts et vigoureux.

Je laisse mon mulet, qui m'impatiente avec sa marche monotone et précautionneuse ; Sidi, qui était resté en route, me rejoint, et je prends la tête de la colonne pedibus. — La montée devient rude ; à mesure que nous avançons, l'aspect du pays devient agreste et sauvage : plus de culture, ni de gourbis ; terrain aride et rocailleux, âpre nature.

Nous redescendons encore, laissant à notre droite un massif de cèdres ; — en voilà un parfaitement dénudé de son écorce ; un autre, solitaire, étend ses branches sur le chemin. Je le mesure : il a quatre brassées de circonférence ; il ferait le bonheur d'un peintre de paysage. A deux mètres de hauteur il se divise en plusieurs branches énormes, qui s'étendent fort loin horizontalement ; il est noueux, tortueux, dans le genre du fameux hêtre de Villers-sous-Preny, mais plus gigantesque.

Nous rencontrons des Kabyles à pied et à mulets ; armés de fusils ou de pistolets ; à la vue de Sidi, ils s'arrêtent et lui témoignent des marques de déférence et de respect ; ceux qui sont sur des mulets en descendent. Je laisse Sidi causer simplement, bonnement avec eux. Ibrahim prend un raccourci : je le suis ; — s'il est court, il n'est pas commode ! il faut tantôt s'amincir, s'aplatir, se raccourcir ; tantôt s'allonger comme un lézard, et sauter de rocher en rocher comme une chèvre.

Nous grimpons ainsi pendant une heure. Ibrahim est en avant avec un autre Kabyle ; ils ont gagné de l'avance sur moi. Ils ont des jarrets de fer ces gailllards-là ! Il est vrai qu'ils ne sont pas gênés dans leur marche par leurs habillements : une chemise en toile de coton sans cou ni manches, large et courte, en forme de tunique ; une chechia de laine et des espèces de sandales en peau de bœuf pour chaussures.

Nous arrivons au sommet ;... attention ! Voici un passage dangereux. Il n'y a plus pour passer qu'un filet de sentier, sur la crête de feuilles verticales de rocher ; à gauche un rocher qui vous serre les côtes et vous menace la tête ; à droite un abîme à donner le vertige à la plus forte tête. — Au moment de franchir le terrible pas, je me trouve subitement nez à nez avec un Kabyle, armé de son long fusil, derrière lequel marchent un à un cinq ou six autres, armés de fusils et de bâtons ou de gadoum (petite hachette) ; puis en voilà autant qui surgissent derrière moi ! d'où diable sortent-ils donc ?... Amis ou ennemis ?... je ne vois plus Ibrahim : m'aurait-il tendu un piége en m'écartant de Sidi ?... Serais-je dans un guet-apens ? Une poussée de la main, ou même seulement du bout d'un bâton, et je tombe dans l'abîme et de là dans l'éternité !...

J'avance un peu en leur adressant de la parole le salut d'usage : *Argkez kabails, ouachalek,* etc. (hommes kabyles, comment vous portez-vous ?) Je ne vois rien d'hostile sur leurs physionomies. Ils me font place et se rangent, mais du côté du rocher ; — le sentier s'est un peu élargi, je m'arrête ; je prends à l'un d'eux son fusil, que j'examine; j'en fais jouer la batterie, une vraie rouillarde; je montre le mien, qui les étonne.

Enfin j'entends la voix d'Ibrahim; où est-il donc passé? — Je resalue mon monde et m'éloigne. Ils restent plantés sur leurs jambes, me regardant partir, fort étonnés. Je me rappellerai longtemps cette rencontre, et si jamais je les rencontre moi-même, sur le boulevard Italien, je leur paierai à tous des glaces.

Sous l'endroit le plus étroit, le plus scabreux du sentier, un vieux cèdre rabougri s'est cramponné à la pente du rocher et a enfoncé ses racines dans les fentes comme des crochets dans une muraille. Ses branches s'étendent sur le gouffre et ses pommes tombent au fond, sans s'arrêter;... du diable, si je grimpe auxdites branches pour les cueillir. Il n'y a même qu'une sorte d'oiseau que je me hasarderai à aller y dénicher: c'est à vous faire dresser les cheveux sur la tête;... à ceux qui en ont, bien entendu; je trouve cette locution trop méthaphorique; car voilà déjà plusieurs fois que je me trouve en situation de voir ou plutôt de sentir mes cheveux se dresser sur ma tête; eh bien! non-seulement ils ne se sont pas dressés, mais n'ont même pas poussés. Aussi c'est un genre de cosmétique que je ne conseille à personne.

J'arrive sur un plateau et j'aperçois au-dessus de moi Sidi sortir d'un bouquet de cèdres. Il a de l'avance. Je descends un peu et me trouve maintenant sur la pente nord du Djurjura; je rejoins bientôt Sidi, qui s'est arrêté pour régler des difficultés entre deux Kabyles, qui l'ont pris au passage. Nous descendons encore un peu, puis nous nous arrêtons au-dessus d'une source sortant d'une petite grotte dans le rocher; elle coule dehors par un petit morceau d'écorce en forme de goulot de fontaine. C'est une imitation française due à quelque voyageur kabyle. L'eau est à la glace et excellente. Sidi tire, de je ne sais où, une galette, toujours de la même farine et sans beurre, et m'en donne un morceau; Ibrahim a deux oignons, qui sont partagés; j'offre le sel. — Sidi ne touche pas aux oignons : serait-ce une petite vengeance à propos des oignons du bordj Bouteira?

La marche et l'air vif et même froid de la montagne m'ont creusé l'estomac à fond, et je trouve la galette et l'oignon excellents; y en a-t-il encore?

Nous continuons à redescendre; cette fois Sidi a mis pied à terre : le sentier n'est plus qu'une série d'échelons de rochers; les pentes sont assez bien garnies de cèdres, surtout à notre droite. Nous traversons un petit torrent, à peu près à sec. De l'autre côté le sentier a été récemment réparé; il est même à un endroit disposé en zigzag, à l'imitation de ce que nous faisons; de grosses pierres ont été entassées pour le soutenir. Je fais remarquer ces travaux d'utilité publique à Sidi. Ma remarque paraît lui faire plaisir, car je crois que c'est lui qui les a provoqués et fait exécuter.

A défaut d'institutions déterminées, de prescriptions administratives, la nécessité fait loi et ensuite devient

usage chez ces tribus, divisées en une infinités de re-
publiques indépendantes, souvent même ennemies les
unes des autres. — Ainsi, quand, après l'hiver, un éboul-
lement a obstrué un chemin ou qu'un torrent l'a ou-
vert et raviné, le djemma, espèce de conseil muni-
cipal, se rassemble et décide que le chemin sera réparé ou refait par tous sous la direction de l'Amin;
cet Amin est l'administrateur, le président, choisi ordinairement pour une année. — C'est, comme vous le
voyez, le système des corvées, ni plus, mais un peu
moins.

Nous faisons une seconde halte sous un très-beau
cèdre près d'une abondante et excellente source. Au
milieu de cette nature âpre et sauvage, le site est
presque riant. J'offre le café à la satisfaction générale.
Offrir le café aux Kabyles, c'est comme si on offrait la
goutte à nos troupiers. C'est un temps d'arrêt en chemin; c'est l'occasion de jaser, de rire, etc. Un Kabyle
allume du feu avec mes allumettes fulminantes, ce qui
l'amuse beaucoup. Je fais faire le café à Saïd; c'est mon
élève; mais il n'est pas encore très-fort. Je régale la
société, par deux, car je n'ai que deux petites tasses
en fer battu. Sidi, mon cher Sidi, ménage mon sucre;
il n'y a pas, que je sache, d'épicier sur la route, et ma
provision n'est pas forte. Quel consommateur de café;
mais il n'est pas dans les bons principes, il sucre
trop.

Nous trouvons là trois ou quatre jeunes gens, bien
découplés, à l'allure décidée et hardie, le fusil à l'é-

paule ; ce sont des amis des environs venant au-devant de Sidi. On voit dans le lointain, de l'autre côté d'une vallée et sur le penchant d'une montagne, deux gros villages aux toits de tuiles rouges ; ils sont entourés de jardins et de vergers. Sidi se bichonne. Saïd lui taille les moustaches, qu'il porte très-minces, et la barbe, qu'il porte courte ; il lui rase ce qui n'est pas sur l'alignement avec un couteau à lame mince et recourbée. Les Kabyles en portent de semblables, suspendus dans une gaîne ; ils ne s'en servent guère qu'à faire la barbe et raser la tête ; le manche est en bois. On les fabrique en Kabylie. Les meilleurs cependant sont fabriqués à Boussada avec de vieux fers de chevaux.

Puisque Sidi se fait beau pour rentrer chez lui, je vais en faire autant. Je tire un rasoir de mon sac, des ciseaux et une petite glace pour m'accommoder proprement, convenablement barbe et moustache. Ce que voyant, Sidi m'emprunte tous ces ustensiles de toilette et se fait refaire barbe et moustache avec mon rasoir, mes ciseaux et ma glace. Saïd en fait autant pour lui, puis rase toute la société avec mon rasoir, — qui va être dans un joli état ! Il m'offre ses services... Merci, je le suis assez comme cela, rasé. — Voyez-vous un juge français, fournissant dans les gorges du Djurjura des ustensiles de barbier, y compris le savon, à une bande de Kabyles ! Je ne crois pas que les décrets sur les préséances aient prévu le cas.

Nous nous remettons en route. Chemin faisant, Sidi me raconte des histoires de patriarche ; il fait exhibition de ses connaissances bibliques. Il s'arrête avec complaisance au roi David, qui aimait assez les jeunes épouses et surtout en grand nombre. Il me parle aussi du sacrifice d'Abraham; ah ça, pas de sottes plaisanteries; qu'il n'aille pas me prendre pour le bélier. Il me cueille une fleur jaune à haute tige, qu'il appelle Nouar el Mariem, fleur de Marie : serait-ce un souvenir chrétien?

Enfin nous avons atteint le bout du chemin et nous nous trouvons sur une petite crête de rocher. Sid s'arrête et me montre avec satisfaction un pays nouveau, c'est celui qui porte le nom de confédération des Zouaouas, s'étendant le long de la chaîne nord du Djurjura, sur une longueur de huit à dix lieues environ et d'une largeur d'une à trois lieues. J'aperçois un grand nombre de villages, tous situés sur des crêtes, et dont quelques-uns me paraissent considérables; un, entre autres a un minaret de mosquée assez élevé et tout blanc.

Je crois comprendre de ce que me dit Sidi, qu'à une autre époque et lorsque tous ces villages étaient comme autant de ruches furieuses contre les Français, il a conduit M. Daumas, sous le vêtement kabyle, dans son propre village, et s'est arrêté, comme il le fait avec moi, à l'endroit où nous sommes. En véritable tentateur, il lui aurait fait voir le même panorama tout nouveau et tout imprévu, même pour un vieux soldat d'Afrique.

A mesure que nous descendons, nous trouvons des

cultures. Là où il n'y a pas assez de terre pour des cultures, on a laissé venir des chênes à gland doux, qui sont de la grosseur de gros pommiers. Le chemin est bordé de haies et même de murs en pierres sèches formant clôture. — Tout est parfaitement cultivé ; je vois peu d'oliviers, le pays est encore trop haut, mais beaucoup de figuiers.

Pendant que je vais le nez en l'air et l'esprit aussi, pensant, cherchant par quel moyen quelques parties de notre civilisation, surtout en ce qui regarde les femmes, pourraient être introduites, avant le temps, chez ces tribus populeuses, ma diable de bête fait un faux mouvement, le bât tourne, et je dégringole : ça vous apprendra une autre fois à regarder devant vous, à vos pieds, au lieu de regarder en l'air.

Est-ce de bon ou de mauvais augure de trébucher et de tomber ainsi en entrant pour la première fois dans un pays ? Est-ce un avertissement ?... ne va pas plus loin.... Serait-ce encore une espiéglerie du sort, dites donc ? Il s'adresserait bien, l'espiègle.

Bah ! j'avais oublié de prendre pied en Kabylie, eh bien ! je prends pied, et voilà.

Nous avons devant nous une vraie muraille de rochers, au pied desquels sont de petits champs soutenus par des murs en pierres sèches. Presqu'à l'extrémité il y a une échancrure carrée, semblable à une porte taillée au ciseau. Nous devons passer par là. Si ce n'était nos bêtes, je m'attendrais à y trouver des échelles. Avant d'y arriver, je remarque des plantations de vignes. Une fois arrivés au bas dudit rocher, nous montons, sans descendre de nos bêtes, par des espèces de marches naturelles. Nous y rencontrons deux femmes portant des outres pleines d'eau; toujours le même cachet de misère et de servitude.

Une fois le passage gravi et franchi, nous apercevons de nouveau une foule de villages, et surtout celui du vieux El Hadj - Hamiche, au - dessous et à environ une demi-lieue de nous : il est considérable et s'étendant le long d'une crête qu'il couvre, il nous cache celui de Sidi, situé encore plus bas. Nous y arrivons par un sentier de descente, véritable casse-cou.

Nous passons devant une fontaine en maçonnerie, adossée à de beaux frênes. Des femmes y puisent de l'eau. Nous entrons à pied dans le village par une espèce de corps de garde; je ne me rappelle pas s'il a des portes, et nous nous trouvons dans une longue rue, large de deux mètres, entre les murs des cours qui précèdent les maisons. Aucune des maisons n'a de porte ouverte sur le dehors du côté de la campagne, ce qui donne au village à l'extérieur l'aspect d'une forteresse. Les habitants, que nous rencontrons, font une foule de samalecs à Sidi, qui marche devant moi. Je trouve le vieux El Hadj devant une maison. Il nous avait quittés au bordj Bouteira pour aller voir la fantasia du quinze août à Aumale. Nous nous livrons réciproquement à une série de poignées de mains (françaises) et de salamalecs à n'en plus finir.

La soirée s'avance : nous sortons par une autre extrémité, aussi terminée par une espèce de corps de garde; à droite et à gauche sont des espèces de lit de camp en maçonnerie. Hors du village nous passons devant d'autres maisons. Les femmes et les enfants sortent pour me voir passer.

A l'exception de quelque déserteur, qui s'est fait immédiatement musulman, je suis le premier chrétien qui, ostensiblement et vêtu en Européen, ai pénétré dans le village.

La nuit tombe tout à fait. Nous descendons par un chemin creux fort mauvais, car ma bête prend beaucoup de précaution. Après environ une demi-heure de marche scabreuse, je mets pied à terre. Sidi ne tarde pas à en faire autant; c'est à peine si je puis le voir, car la nuit est très-sombre et la lune n'est pas levée. Je marche le long d'une crête, couverte de pierres plates et longues; ce doit être un cimetière; puis nous entrons dans un village. Il fait noir comme dans un four. Je suis aveuglément Sidi, qui, après avoir marché assez longtemps, à ce qu'il me semble, s'arrête devant une porte et frappe : on lui ouvre bientôt, et je suis introduit au fond d'une cour, à gauche, dans une maison éclairée par une lampe. Hamed et Ali, les fils de Sidi-Djoudi, viennent aussitôt me saluer. On m'apporte de l'eau, du kouskoussou et un petit matelas, le premier que je vois chez les indigènes. On donne également le kouskoussou de l'hospitalité dans d'immenses gamelles aux Kabyles qui sont venus avec nous. Je remarque, comme paraissant commander aux autres, un

homme de cinquante ans, aux moustaches relevées en
chat. Sa figure ouverte me plaît.

Tout le monde se retire. Bon soir tout le monde.
— On me laisse seul; je m'étends et m'endors. —
Vers le milieu de la nuit je suis réveillé par la chaleur excessive de ma maison, sans courant d'air. La
porte est cependant toute grande ouverte : je me lève
pour respirer l'air dans la cour. Je trouve sur le seuil
un homme étendu en travers sur un tapis; il a le som-
meil léger, car il se dresse sur son séant, quoique je
n'ai pas fait de bruit. C'est mon homme aux moustaches. Plusieurs Kabyles sont étendus dans la cour,
dormant enveloppés dans leurs burnous. — Je vais me
recoucher.

e me lève de grand matin. Sidi vient me souhaiter le bonjour avec ses fils. On m'apporte un déjeuner splendide : de petites votes au miel, grandes et grosses comme la main, des œufs, du lait, des figues, des poires, pas trop bonnes, de l'eau toujours à discrétion, du pain et du café. Le café est ici un immense progrès gastronomique.

Nous sortons par l'autre extrémité du village, à une cinquantaine de mètres de la maison de Sidi. Sidi me conduit dans une maison en construction qu'il fait bâtir hors du village du côté opposé à celui par où nous sommes entrés. C'est l'autre entrée du village, précédée aussi d'un cimetière. Des Kabyles y font leurs prières.

Le village est situé sur une crête, entouré de montagnes peu fertiles où domine le chêne à glands doux.

Nous rentrons..... Sidi juge sans doute qu'il est prudent de ne pas trop m'exhiber et me promener dans les rues, cela pourrait peut-être exciter quelques susceptibilités — un roumi, non converti, dans un village des Zouaouas; cela ne s'est jamais vu; c'est presque un acte de haute anti-nationalité. Il faut même qu'il soit mû par un puissant motif, pour me servir ainsi de guide, pour m'amener ainsi ostensiblement dans ses montagnes, au milieu de son village, au risque de s'aliéner ses amis et d'irriter ses ennemis; car les montagnards ne plaisantent pas avec leurs préjugés d'indépendance, et je pourrais être pris par eux pour un espion. Ils sont très-entichés et très-fiers de leur prétenduc indépendance et supériorité sur les autres. Quand on leur demande la raison de quelques usages devenus absurdes, probablement par l'abus, ils vous répondent : c'est comme cela chez les Kabyles depuis le commencement du monde. — C'est faire remonter les choses un peu haut.

Je crois que Sidi est enfin désillusionné sur la prétendue invincibilité des Kabyles, depuis la vigoureuse trouée qu'a faite le général Pélissier (alors gouverneur par intérim) avec la rapide énergie et la promptitude de décision qui le caractérisent, il y a deux ans, jusqu'à l'entrée de la vallée au fond de laquelle je me trouve maintenant, et surtout par la grande et belle expédition qu'a faite au printemps dernier M. le gouverneur Randon, derrière Djigelli, dans une partie de la Kabylie réputée jusqu'alors inaccessible.

Éclairé ainsi par les faits et aussi par les conseils du capitaine Beauprêtre, plus politique, plus prévoyant et plus maître de lui que les autres, et comprenant que la résistance devient désormais inutile, Sidi va au-devant de l'avenir, dans le double but de préserver ses concitoyens des maux d'une guerre inutile, et de gagner la bienveillance du gouvernement français, ainsi que tous les avantages honorifiques et autres qui y sont attachés. Pour lui, je suis sans doute un moyen : Recevoir un roumi, c'est donner une espèce de gage ; car certes, ce n'est pas pour mes beaux yeux qu'il agit comme il le fait envers moi ; les indigènes en général ne faisant rien par pure bienveillance, mais avec une arrière-pensée d'intérêt personnel.

On entre chez Sidi par une porte à deux battants, et après avoir monté un degré, dans une longue et étroite cour ; à gauche est un petit marabout, de construction assez originale, contenant un tombeau où dorment les restes mortels de l'aïeul de Sidi, le premier marabout de la famille : Salut, Mohamed Djoudi, grand marabout ! — Dans un angle est l'étendart du saint ; au fond de la cour, toujours à gauche est l'entrée de la maison, où on donne l'hospitalité. Elle est bâtie en pierres mêlées de terre ; l'enduit intérieur, en certaines parties, est assez bien fait, quoique je ne croie pas qu'il y entre de la chaux ; le toit de la maison, couverte en tuiles et à deux pentes, est soutenu par trois grosses poutres de cèdre ou de pin ; à droite de la porte, on descend dans une écurie, séparée du reste de l'intérieur par un mur, dont le dessus, du côté de la chambre, a un demi-mètre de hauteur et sert de banc longitudinal ; l'écurie, dans toute sa longueur et sa largeur, est couverte, à la hauteur de deux mètres, d'un plancher fait en madriers, sur lequel on peut se coucher. Le reste de l'intérieur forme une seule chambre, sous toit, ayant huit ou dix mètres carrés; il n'y a ni fenêtre, ni cheminée, aussi le dessous de la toiture et les poutres sont-ils garnis d'un enduit de noir de fumée. A l'intérieur, la porte se ferme par un petit système de barrage. Comme c'est la maison de réception, il n'y a aucune espèce de meubles.

En face de ce bâtiment et du marabout sont deux ou trois petites maisons, habitées par la famille de Sidi : ses frères, beaux-frères, fils, leurs femmes et enfants. Tout cela mange de la même cuisine, mais non ensemble. Le père ne mange pas avec ses enfants. Les hommes ne mangent pas avec les femmes.

La cour est en pente, et monte vers la porte d'entrée. — Sidi reçoit beaucoup de visites; car il a été hors de chez lui pendant quelque temps. Je suis, sans doute, aussi pour quelque chose dans ces visites. Voilà un grand gaillard, dont la physionomie mauvaise ne me revient pas; il a une canne à épée grossièrement faite,... je tire l'épée; elle me paraît ancienne, elle est flexible; mon homme me dit qu'elle est anglaise.... C'est insupportable! ils ne peuvent voir un objet quelconque bon et bien fait, couteau, rasoir, montre, fusil, etc., sans qu'ils vous disent : « Anglais! »

Quand donc notre industrie saura-t-elle travailler pour le commerce extérieur, et surtout réhabiliter la réputation de ses produits discrédités complétement, même en Afrique, même pour les tissus!

Je reçois la visite du vieux Hadj-Hamiche : Le voilà
entouré de Kabyles qui l'écoutent ; c'est un parleur infa-
tigable. Sa physionomie est très-spirituelle et sardonique ;
c'était le bras droit de Sidi, la meilleure tête et la
meilleure langue dans le conseil, le meilleur batailleur
dans le combat. Je ne sais ce qu'il raconte à son auditoire ; mais il le fait passer du plus grand sérieux à la
plus vive gaîté ; je dois être pour quelque chose là dedans ;
riez Kabyles ! cela m'est égal, cela m'est même inférieur.

Il invite Président, comme il m'appelle toujours, à
venir aujourd'hui manger le kouskoussou et coucher
chez lui en revenant. Voici, je crois, pourquoi il m'appelle Président : Étant à Alger, il y a quelques mois,
il demanda à un chaouch du bureau arabe, qui me
connaît et m'avait vu avec lui, de le conduire à ma
demeure. Celui-ci le conduisit au tribunal. Je présidais
l'audience correctionnelle, et il y avait affluence de
Maures et d'Arabes. Il m'indiqua, et on lui répondit,
sans doute, c'est le président. Depuis lors il m'appelle
Président, et toutes mes autres connaissances kabyles
ne me connaissent même que sous ce nom. C'était
déjà, s'il vous en souvient, le nom que m'avait donné
Mme de Massauve, notre grande-tante, à l'âge de dix ans.

Sidi m'apporte une peau de panthère assez belle,
mais dont la mâchoire est dégarnie de dents et les
pattes de griffes, et Ali, son plus jeune fils, la dé-
pouille d'un aigle qu'il a tué sur le Djurjura ; il paraît
qu'il est très-bon tireur. Il me l'offre en présent : j'accepte pour ne pas lui déplaire. — J'ai bien quelques

jolis djbiras nécessaires dans mon porte-manteau pour
ses femmes; mais je ne veux les donner qu'à elles; or,
je n'en vois aucune; pourquoi? est-ce par respect humain? je ne sais, j'ai bien entrevu deux femmes et des
petites filles entrer dans la maison de Sidi, chargées
d'outres, mais elles sont bien salement vêtues, et sem-
blent appartenir à la domesticité. Une vieille en cheveux presque blancs est venue me voir; qui est-elle?

Je n'ai plus qu'une chemise blanche; le reste a soif
de savon, surtout mes deux ou trois mouchoirs de
poches, qu'un affreux rhume de cerveau a mis dans un
état déplorable; chez les Beni-Hamed, je n'ai pu m'en
procurer gros comme une noix : les Kabyles fabriquent
cependant de très-bon savon noir en gelée; mais ils le
vendent, et n'en gardent pas pour leurs épouses. On
m'en apporte une espèce de boule, et je donne mon
linge au frère d'Ali. D'autres profitent de la circonstance
pour faire décrasser leur chemise; on propose à Hamiche
de donner la sienne, qui aurait grand besoin de beaucoup de savon, mais il paraît qu'il n'en a pas pris une de
rechange;.... ce qui lui donne l'occasion de quelque
horrible plaisanterie, qui fait éclater de rire la société.

Pendant que je prends quelques notes à l'entrée du
marabout où Lahoussin fait la correspondance de Sidi,
celui-ci me remet une lettre à l'adresse de M. le général Daumas; il désire que j'écrive au bas comme quoi
il m'a conduit chez lui, etc. Voilà donc le fin mot; vieux
finaud! Il connaît le général, il me répète qu'il l'a conduit, comme moi, dans sa demeure, sous les vêtements

kabyles; mais à une époque et dans des circonstances
très-périlleuses. S'il en est ainsi, il faut que le général,
alors attaché à l'armée d'Alger, soit doué tout à la fois
d'une fameuse audace, d'un grand sang-froid, et d'une
grande adresse et habilité pour avoir osé une pareille
entreprise, et surtout pour avoir réussi.

Sidi ne connaît pas assez M. le Gouverneur Randon
pour lui écrire; il voudrait bien, cependant, qu'il
sût comment il a reçu le roumi « président », comme
ils m'appellent. — Le vieux bonhomme se dessine :
il ne peut pas s'imaginer, quoique je lui dise, que je
ne suis qu'un simple juge en vacances, voyageant pour
le sentiment civilisateur et mon agrément personnel;
— il me croit sans doute chargé de quelque mission,
et me donne une importance que je n'ai pas.

Comment croire, en effet, que la curiosité est le seul
but d'un pareil voyage; eux, dont les démarches un peu
importantes cachent toujours une arrière-pensée d'intérêt; car le voyage de la Mecque lui-même, indépendam-
ment de l'œuvre pieuse méritoire qui y est attachée,
donne à ceux qui l'ont fait une certaine importance, un
certain prestige. Aussi, si tous le faisaient, le fanatisme
y perdrait. Il y a un autre pèlerinage que je voudrais
qu'on leur fît faire, c'est celui de Paris; on y envoie bien
de temps en temps quelques chefs influents; mais cela
est plutôt nuisible qu'utile à notre domination; car ces
grands chefs, en général fins et rusés matois, se
gardent bien de dire ce qu'ils ont vu, de parler de
notre puissance, dans la crainte, très-fondée du reste,

de compromettre leur influence et leur propre valeur aux yeux de leurs compatriotes.

Ne pourrait-on pas avoir, en permanence, un escadron de spahis et un bataillon de Kabyles, composés de très-jeunes gens de familles obscures ? Ceux-là, en retournant parmi les leurs, sous leur tente ou dans leur maison, n'auraient aucun motif de taire ce qu'ils auraient vu et appris. Au contraire, leur vanité en serait flatté. Frappés eux-mêmes de l'aspect de nos campagnes, partout cultivées, de la sécurité des routes, de la vue de nos chemins de fer, des bateaux à vapeur remontant les fleuves, de nos arsenaux, etc., ils se complairaient à raconter toutes ces merveilles de notre puissance et de notre civilisation, et leurs récits, toujours exagérés même, décourageraient les fanatiques les plus enragés, les entêtés les plus endurcis, les plus encroûtés, tandis qu'ils éveilleraient la curiosité des femmes et des enfants.

Je sors de nouveau en toilette flambante, chemise éclatante de blancheur, avec manchettes attachées par deux superbles doubles boutons en émeraude bleue, de verre, petits souliers vernis, gants serin. — Je retourne avec Ali à l'entrée du village; nous rencontrons quelques femmes et petites filles; les femmes ont une coiffe noire et une chevelure parfaitement ébouriffée; leurs vêtements, comme toujours, sont d'une affreuse malpropreté.

Il ne doit pas être très-gai pour les habitants d'avoir ainsi les deux entrées de leur village précédées d'un cimetière. — Un Kabyle rentre; il n'est vêtu que d'une chemise et armé d'un long fusil; sa physionomie est péniblement agitée.... — Il est sans doute sous le coup de quelque vendetta, ou chargé lui-même de l'exercer sur quelqu'un.

C'est une chose étrange, ou plutôt monstrueuse, que la vendetta kabyle!

Un Kabyle en tue un autre à la suite d'une querelle ou, le plus souvent, d'un accès de jalousie. Oh! les femmes, les femmes, et les demoiselles donc! A défaut de tribunal, d'autorité quelconque chargée de la punition des crimes, la famille du mort est obligée, bon gré mal gré, d'après l'usage, de tuer le meurtrier, ou, à son défaut (car il s'enfuit presque toujours), de tuer un membre quelconque de sa famille. Si le meurtrier a laissé son homme pour mort, et qu'il ne le soit pas, les choses peuvent s'arranger sur l'intervention des marabouts, des parents et des amis; mais s'il est bien mort, le meurtrier se réfugie chez un marabout, dont l'asile sous ce rapport est inviolable, et de là, cherche à s'enfuir, en échappant à la vengeance des parents du mort, chez quelque tribu voisine, qui ne livre jamais un pareil réfugié. De là, il s'expatrie, ou bien devient citoyen du village; mais il n'en est pas moins sous la vengeance de la famille du mort.

Le capitaine m'a raconté un trait qui caractérise bien ce côté des mœurs des Kabyles, et en même temps le degré de sujétion absolue où ils ont réduit les femmes, ce qui prouve, soit dit en passant, combien ils craignent leur influence.

Un mari, sur de simples rapports que sa femme lui aurait été infidèle pendant son absence, la tue; puis, s'enfuit et se réfugie dans une tribu, où il avait des amis; mais, fatigué de n'en pouvoir sortir sans s'exposer à la vengeance de la famille de la malheureuse, que fait-il pour s'y soustraire sans danger pour sa peau et rentrer dans son village?..... — Il avait une sœur; il propose à la famille de livrer à sa vengeance cette sœur à sa place : sang pour sang. — La famille, avant d'accepter la proposition, envoie son personnage le plus influent chez le capitaine Beauprêtre, pour le consulter et savoir ce qu'il pense sur le cas. — Vous pensez bien quelle fut la réponse! Sur le moment même, ne pouvant maîtriser son indignation, il répondit que si la famille touchait à un cheveu de la malheureuse sœur, il ferait arrêter toute la nichée comme assassins; puis, après, il leur fit comprendre tout ce qu'avait de lâche et d'odieux une pareille proposition.

Au fond, toutes ces vendettes pèsent très-péniblement à la fois sur les familles, ou chargées de la vengeance, ou chargées de la supporter; divisent celles qui avaient toujours vécu en bonne intelligence et ne demandaient qu'à la continuer.

Il y a encore une autre espèce de vendette : celle qui existe de tribu à tribu, à propos d'une limite de terre, d'une rapine, d'une maraude, etc. Une querelle éclate entre deux tribus; on en vient aux mains : un homme est tué d'un côté.... il est de l'honneur de la tribu adverse de ne mettre bas les armes, de ne cesser

la guerre, que lorsqu'il y aura eu un homme tué par elle
de l'autre côté. Vous comprenez qu'il n'y a pas de raison pour que cela finisse, parce qu'au lieu d'en tuer
un, elle peut en avoir elle-même de nouveau tués de
son côté; alors les comptes se compliquent. Je ne
parle pas des querelles intestines dans les villages, à
propos de l'élection de l'Amin. Les parties se réu-
nissent à la Djemma, espèce de forum, maison ouverte
de deux côtés et garnie d'espèces d'estrades en maçonnerie; les prétendants discutent, se mesurent. C'est
ordinairement celui qui compte le plus de fusils, c'est-
à-dire d'hommes armés dans sa famille par ses fils, ses
gendres, etc., qui l'emporte. — Les autres l'acceptent,
quand la lutte ne leur offre aucune chance de réussite,
sauf à intriguer et à chercher noise à l'administration
de l'Amin; — mais si les prétendants ont des chances
égales, on se dispute, on braille, et, comme dit le
vieux Hadj Hamiche en riant, quand on ne s'entend plus
on se tape (tokar), *ultima ratio,* jusqu'à ce qu'il y en ait
un plus fort; alors seulement et de guerre las on s'arrange.

Le vieux bonhomme raconte avec plaisir une grande
bataille, qui eut lieu dans sa jeunesse, en son village;
on s'y est tapé pendant plusieurs jours, et, je crois
que sa réputation de batailleur date de cette époque.

Vous comprenez quels hommes doivent faire de pareils usages, de pareils désordres, une si profonde et si
énergique barbarie; combien elle doit développer l'in-
dividualité, ·habituée à ne compter que sur elle, ne
trouvant appui et protection nulle part.

Le capitaine, sans prendre une part trop active à ces dissensions intestines, ce qui serait très-dangereux, même pour la civilisation, a choisi pour tactique de préparer l'avenir, en leur faisant sauter aux yeux les terribles et injustes obligations et charges personnelles que leur imposent de pareils usages, et en leur faisant désirer qu'il en soit autrement. Mais les préjugés sont terribles : « Ça a toujours été comme cela depuis le commencement du monde... » Au fait, ils ne peuvent pas dire autre chose.- Le temps, une bonne administration, le contact et les relations désintéressées d'homme à homme changeront tout cela. Je leur ai déjà fait entrevoir notre justice criminelle.

Je voudrais bien revenir à Dra-el-Mizan par les vallées nord du Djurjura, qui sont remplies de villages ; mais il faudrait traverser des tribus en guerre avec celle de Sidi, notamment le territoire des Beni Ouassifs. Sidi appartient à celle de Beni Boutdrer (toutes deux Zouaouas). Le village de Sidi est très-étroit et très-long. Il se nomme Liri-bout-amès ; je ne puis en compter le nombre de maisons, mais il est considérable ; une autre fois, et quand ils sauront bien qui je suis, c'est-à-dire un ami, je ferai bon nombre de visites ; mais il ne faut trop en essayer du premier coup ; ce serait imprudent et on s'exposerait, en rencontrant quelque fanatique, à tout gâter.

Il est décidé que nous irons ce soir coucher à Thelentesserthe (source des figues), chez le vieux Hamiche. Hamed et Saïd m'accompagneront : nous partirons au lever de la lune, pour éviter le soleil, peut-être aussı par prudence. En revenant on me conduira sur le pic Lella Kedidja, car j'y tiens : Sidi me l'a enfin promis.

Le soir venu, on me sert un très-bon koukoussou au bœuf; le frère d'Ali m'a rapporté mon linge, à peu près propre. Je refais mon porte-manteau et donne à Ali une poudrière en corne, garnie de cuivre, et à Sidi de la poudre de chasse fine, — rien pour les dames, puisque je ne les ai pas vues. — Sidi insiste pour que j'emporte la peau de panthère : je la prends, à défaut d'autre souvenir; je n'aime pas qu'on me fasse des présents d'une certaine valeur, parce que je ne veux pas être en reste, et Sidi est plus riche que moi. Il s'est amusé toute la journée à regarder dans ma longue-vue, et il voudrait bien l'avoir; mais, outre qu'elle me vient de Louis, il ne l'aura pas : je lui en enverrai une d'Alger. Adieu, Sidi, adieu, tout le monde; je me rappellerai de votre hospitalité; elle n'est pas un vain mot !

Nous partons vers neuf ou dix heures du soir par un très-beau clair de lune. — Décidément le village est très-long. — Nous reprenons le chemin d'hier : cette fois il ne faut plus craindre de tomber sur son nez, mais sur son dos, de piquer une tête par devant, mais par derrière; par endroits le chemin est bordé de frênes taillés de près pour produire plus de feuilles, qu'on donne à manger aux moutons ou aux bœufs.

Nous ne marchons pas sans précaution; — y aurait-il du danger? ou Sidi voudrait-il me faire croire qu'il y en a, pour rendre la réception qu'il m'a faite plus méritoire? Un Kabyle marche en avant à pied en éclaireur, le pistolet à la main, prêt à faire feu; un autre le suit à quelques pas, le fusil sur l'épaule; tous deux vont lentement, la tête aux aguêts, semblant sonder, scruter le chemin et les environs. Hamed, l'aîné des fils de Sidi, vient après monté sur un mulet et armé, puis moi, Saïd et un autre Kabyle. Je tiens mon fusil en travers, appuyé sur le devant du bât, aussi prêt à m'en servir; mais à quoi? car s'il y a quelque chose à craindre, c'est de la part de quelque sournois caché dans un trou ou dans un buisson au bord de la route, et qui me canardera à l'affût à coup sûr et sans danger... pour lui.

C'est assez ennuyeux de s'attendre ainsi, sans cependant voir d'ennemi, à recevoir le coup de la mort, sans même savoir si ce sera par devant, par derrière ou sur les côtés; qu'en dites-vous? — Ah, ma foi! tant pis, ou plutôt tant mieux! je voyage pour le sentiment et à la grâce de Dieu. — Mais faisons attention à notre bête, car dans tout cas, il y a un danger réel, sans penser aux autres, celui de dégringoler avec ou sans ma bête à bas de quelque rocher. Attention donc de ce côté!

Tout mon monde marche dans le plus grand silence. Nous arrivons au haut; — ah! voilà une maison; encore cent pas et nous sommes hors de toute appréhension de dangers. — Nous y voilà, tant tués que blessés; il n'y a personne de mort ni même de blessé.

Nous entrons sous le corps de garde: un homme se lève de dessus le talus, c'est le vieux Sidi El Hadj-Hamiche qui nous attend. Nous mettons pied à terre;

il paraît que c'est un usage; on ne peut entrer dans un village à cheval, il faut en descendre. Nous entrons dans la longue ruelle que j'ai parcourue hier soir, et puis nous nous arrêtons à vingt pas près d'une porte : on parlemente à voix base, pour prévenir les femmes de notre arrivée et leur laisser le temps de s'éclipser ou de se préparer ; puis la porte s'ouvre et nous entrons dans une cour, puis dans une petite maison à droite. La porte est très-basse, car il faut baisser la tête pour y entrer ; elle se compose d'une toute petite chambre carrée, surmontée d'un petit étage ; nous n'y restons qu'un instant pour déposer nos armes. Le vieux Hamiche nous conduit à une fontaine pour nous débarbouiller.

Cette fontaine est en maçonnerie. La façade ressemble à celle d'un petit monument grec ou plutôt romain ; elle est percée de deux petites arcades, au fond desquelles sont des bassins en pierre de taille recevant l'eau ; on y monte par trois ou quatre marches. Chacun de nous puise de l'eau et se livre à une foule d'ablutions intérieures et extérieures. — Saïd a disparu. J'entends barbotter près de moi, sans rien voir. Le vieux Hamiche est occupé à pousser de l'eau par un trou, je ne sais où et à qui.

Voilà une autre petite arcade qui conduit dans un caveau où il fait complétement noir ; c'est là dedans que j'entends barbotter. J'ai justement sur moi une boîte d'allumettes, bougies chimiques .... plif! .... la lumière jaillit et aussitôt j'entends un cri : c'est

M. Saïd, que je surprends dans le plus simple appareil,
dans la pose de Diane au bain, ou, sans autre compa-
raison, de la Vénus..... Je ne me rappelle plus son
nom, qui n'a pas d'autres voiles pour ses charmes que
les grâces de ses mains et les charmes de ses bras. Le
malheureux, qui ne m'avait pas entendu venir, a été
aussi effrayé de la vive lumière, qu'on l'est par un ouf,
que vous pousse, à l'improviste et dans les oreilles,
un mauvais plaisant d'ami. Maintenant que le petit caveau est éclairé par mon allumette, il ne sait plus où
se fourrer. Ce petit caveau est une petite salle de bain
où on peut se faire des ablutions de la tête aux pieds,
sans craindre les indiscrets, car le soleil n'y pénètre
pas, et j'ose croire que c'est la première fois qu'une
allumette chimique l'a éclairée de sa lumière. L'eau y
arrive par un trou dans lequel on l'a fait refluer, et qui
est pratiqué un peu au-dessus du niveau des bassins
de la fontaine.

Après nous être donné de l'eau comme des ca-
nards, nous rentrons. J'aperçois une femme monter à
l'étage, dont je vous ai parlé, par une échelle à poules,
car elle consiste simplement en une grosse branche
tailladée. Je remarque, en dessous, deux femmes,
l'une grande et très-belle ; l'autre très-vieille : celle-ci
est la mère des fils de Hamiche ; elle ne lui sert plus
qu'à tenir la maison, à commander à tout le monde,
surtout aux femmes de ses fils et à ses filles. La belle
remplit les autres obligations, charges intimes, etc.,
du mariage ; mais toute belle qu'elle est, il faut qu'elle

obéisse à la vieille pour ne pas l'avoir contre elle avec toute sa nichée; elle n'y pourrait tenir. Le vieux Hamiche lui-même aurait fort à faire;.... c'est la mère de toute la progéniture, fils, filles, petits-fils, petites-filles. La jeune n'a pas d'enfants.

La vieille rôde toujours en m'observant; elle m'inquiète; car je vous dirai qu'en ce moment je mets l'hospitalité kabyle à une rude épreuve. Il y a quelques années, Hamiche était un de nos ennemis les plus enragés et acharnés.

Quand nos colonnes opéraient non loin du Djurjura, les arrières-gardes faisaient beaucoup de pertes. Hamiche, avec ses quatre fils et d'autres coureurs étaient constamment sur nos derrières, fusillant nos soldats, sans qu'on pût les atteindre eux-mêmes, car ils connaissaient parfaitement le pays, les sentiers, les buissons, les accidents de terrain, etc. Ils nous faisaient beaucoup de mal.

Le capitaine Beauprêtre, alors lieutenant, ou même sous-lieutenant, imagina de jouer le même tour à ces Messieurs avec ses irréguliers Kabyles, et un beau jour ils les firent tomber dans une embuscade. Zoubida, l'aîné, le bras droit et l'orgueil du père, un vrai diable comme lui, fut pincé vivant, et je ne sais qui lui coupa la tête. Hamiche, ce jour-là n'était pas de la partie. Ses autres fils échappèrent. — Jugez du désespoir de la mère quand on vint lui dire : Ton fils a eu la tête coupée par les Français (ces Français étaient des Kabyles), et son corps n'aura pas d'autre sépulture que le ventre des chakals et des hyènes, et des affreux vautours, qui, déjà peut-être, se sont repus de ses restes.

Plus tard, le père, après avoir encore bien bataillé, craignant, sans doute, pour ses autres fils le même sort que pour son aîné, fit la paix sur des ouvertures personnelles qui lui furent faites, et ne contribua pas peu ensuite à décider Sidi-Djoudi à en faire autant.

Le vieux Hamiche est de moyenne taille, plus petit que moi. Je ne l'ai pas encore vu en colère; mais quand il est de bonne humeur, il a tout à la fois dans le regard et le jeu de la physionomie, de la finesse, de l'énergie, de la gaîté. Lorsqu'il discute sérieusement, il ne laisse presque pas parler les autres. Son nez ressemble à un bec d'aigle; ses yeux sont petits, mais vifs et perçants; il a très-peu de barbe; il doit avoir au moins cinquante-cinq ans. Son corps est sec et noueux comme un vieux cep de vigne, troué, bosselé partout; les doigts d'une de ses mains sont tout contournés. Son crâne n'est pas en meilleur état : ici c'est un coup de fissas kabyle; là c'est une balle des Français; ailleurs, c'est un coup de crosse de fusil d'un arabe. Je crois qu'il a le cou traversé de part en part par une balle. Il passe pour avoir des inventions infernales pour faire battre les gens et pour se battre aussi lui-même. Son corps est comme un dictionnaire historique de toutes les batailles, combats, rixes, etc., qui ont eu lieu en Kabylie depuis trente ans. Maintenant il devient vieux; il ressemble un peu à un vieil aigle, de la petite espèce, qui commence à perdre ses plumes, mais auquel il ne faudrait pas se hasarder légèrement, imprudemment, à arracher celles qui lui restent.

Le kouskoussou est servi : j'en mange par politesse, car je n'ai pas encore digéré l'autre ; il est très-épicé et a un haut goût, qui excite ma soif. Le vieux me tend une petite cruche à laquelle personne n'a touché : c'est une espèce de bouillon. — Son regard étincelle de satisfaction. Qu'est-ce qu'il a donc ?

J'entrevois dans l'ombre de la cour la mère de Zoubida ; ses yeux sont attachés sur moi avec une fixité étrange, étincelant et comme ceux d'une panthère enfonçant ses griffes dans la poitrine du chasseur imprudent, qui, après avoir tué son petit, s'est laissé surprendre désarmé. — C'est qu'elle n'a pas oublié la mort de son fils Zoubida, de l'enfant qui le premier a remué ses entrailles maternelles, et a fait frissonner son sein sous ses petites étreintes, — l'oublier ! Une mère, oublie-t-elle son enfant ! et d'ailleurs, pendant le jour, l'affreux et sinistre vautour planant de son lourd vol au-dessus du village, ne lui rappelle-t-il pas sans cesse, qu'il a fouillé dans la tête roulant sur le chemin et dans la poitrine de Zoubida, pour lui dévorer les yeux et le cœur ! — Pendant la nuit, n'entend-elle pas, dans ses rêves désespérés les aboiements faux et discordants des lâches chacals qui se sont arrachés les membres de Zoubida, les ont dispersés au loin, les ont traînés dans leurs repaires immondes pour les dévorer et ronger jusqu'aux os. — Il est mort, tué par les Roumi,... et voilà un Roumi qui brave sa vengeance !...

La vieille panthère aurait-elle des projets de vengeance, et attendrait-elle déjà avec son regard cruellement, fatalement curieux l'effet d'une vengeance : c'est si facile ; quelques pincées d'arsenic*, d'un très-grand usage chez les femmes indigènes, et l'imprudent meurt se tordant dans des convulsions et des vomissements qui lui brûlent et déchirent les entrailles.

« Donne, vieux diable et à ta santé.... » Quel breuvage enragé, poivre et piment déguise et domine tout autre goût ; dès que j'ai bu, un sahah général me salue (que la boisson te soit bonne, espèce de santé que l'on porte après boire au lieu de la porter avant). — Serait-ce une méchante, une cruelle dérision ? — On m'offre ensuite un poulet ; je dis à Saïd de le mettre de côté pour la route de demain ; il sourit d'un air moqueur. Est-ce que cela signifierait que je n'en aurais pas besoin demain !

Je sens bientôt ma tête s'alourdir, mes paupières, malgré mes efforts, s'abaisser, se fermer lourdement ; le gosier me brûle. Il me semble que la lumière de la lampe vacille, puis s'éteint ; je ne vois plus rien, n'entends plus rien ;... empoisonné !...

---

* Elles se servent d'arsenic pour divers détails intimes de leur toilette. La facilité qu'elles ont à s'en procurer, a malheureusement occasionné des empoisonnements. J'ai fait des instructions criminelles contre des épouses qui avaient empoisonné leurs maris avec cette substance. L'un de ces malheureux, autopsié sous mes yeux, devant toute la tribu, hommes et femmes, en était gorgé, saturé.

assurez-vous! — Je me réveille au point
du jour, l'estomac parfaitement libre, mais
un peu altéré; cette sauce au piment et au poivre
m'a fait digérer les deux kouskoussous que j'a-
vais mis coup sur coup l'un sur l'autre. Quand
je vous disais: je suis empoisonné, c'est comme vous
auriez dit vous-mêmes, après avoir bu ou mangé quelque chose de bien fort ou de mauvais goût : quel poi-
son!... je suis empoisonné.... Cependant je ne vous
cacherai pas et vous avouerai même franchement, qu'au
moment de boire, voyant Hamiche me regarder curieusement et sa vieille femme en faire autant à la dérobée,
la pensée d'un empoisonnement possible me traversa
l'esprit, d'autant plus qu'ainsi que je l'ai dit, ce crime
n'est pas malheureusement trop rare chez les femmes
indigènes.

Le vieux Hamiche vient me souhaiter le bonjour ;
il paraît enchanté de m'avoir reçu sous son toit ; il
nous conduit de nouveau à la fontaine pour faire les
ablutions matinales. En revenant je trouve sa femme,
la belle, examinant le velours pur coton de mon habit ;
elle ne disparaît pas à mon approche : Hamiche a même
l'air de me la faire admirer. Moi, je ne demande pas
mieux, et puisque tu le veux.... Examinons! — Elle
a une très-belle tête ; est de haute taille ; ça ferait une
belle Judith. Je lui donne une petite épingle d'argent
à tête de corail.

Nous partons précédés de deux des fils de Hamiche,
le fusil sur l'épaule. « Je viendrai vous revoir, adieu,
mes braves! » Voilà des gaillards bien trempés : il y a
quelque chose, beaucoup même à faire avec un pareil
peuple, qui a, au besoin, des vertus antiques aussi
énergiques, hommes et femmes.

Le jour est venu ; nous repassons devant l'autre fontaine ; déjà des femmes et des filles y puisent de l'eau.
Nous reprenons le chemin déjà connu et le suivons
sans aventures. Nous nous arrêtons un instant sous
le cèdre. De là jusqu'au sommet nous rencontrons
sur le sentier, en échelons de rocher, des Kabyles revenant de quelque marché arabe avec des ânes ou de
petits mulets chargés de laine et de blé. — En voilà
un vieux qui retient sa bête par la queue, pour l'empêcher de tomber en avant. — Quel chemin! MM. les
ingénieurs des ponts et chaussées kabyles ne sont pas
forts !

Nous arrivons sur le plateau, où nous rencontrons un petit troupeau de chèvres, de moutons et de bœufs, achetés également sur les marchés arabes et conduits en Kabylie. — Saïd me montre un gros singe, assis sur une pointe de rocher; des petits courent autour de lui : c'est quelque chose d'effrayant et d'humiliant pour l'humanité, que la ressemblance des singes avec les hommes. Il est vrai que ces animaux peuvent en dire autant des hommes; car j'en connais de ces derniers de gros petits et même d'autres de tout calibre, qui, en fait de singeries, en remontreraient aux singes de la véritable espèce, et aux plus malins encore!

Cette fois je ne prends pas le fameux raccourci, celui où un cèdre, dans une certaine place, tient ses fruits aux branches suspendus par un cheveu au-dessus de l'abîme; il ne faut pas tenter le diable! les choses ont été trop bien jusqu'à présent. — Nous redescendons donc par la grande route : en quelques endroits de petits déblais ont été récemment faits, sans doute sur les conseils de Sidi-Djoudi; mais les endroits les plus difficiles, où on rencontre des aspérités de roche vive, là enfin où on ne serait pas fâché d'avoir, outre ses pieds, des ailes, il n'y a rien de fait. — Il faudrait de la poudre; mais s'ils savent très-bien s'en servir contre leurs ennemis, ils ne le savent pas pour faire sauter des mines. Le frère d'Ali, le joueur de flûte, me montre, à une grande profondeur à nos pieds, un dé-filé étroit; il y fait rouler des pierres, pour me faire comprendre combien l'accès en serait difficile à des agresseurs étrangers. Il paraît que ces messieurs ne connaissent pas encore les fusils des chasseurs de Vincennes, qui portent un peu plus loin et plus juste que leurs pierres.

Nous rencontrons encore çà et là des Kabyles, poussant devant eux, non sans beaucoup de peines et de fatigues par ces chemins diaboliques, des bœufs achetés sur les marchés de la vallée. Ils les conduisent dans leurs montagnes où ils les engraissent; puis ils en abattent eux-mêmes une partie sur leurs propres marchés et les débitent de suite (car la consommation de cette viande est assez grande en Kabylie), ou bien en conduisent jusqu'aux marchés des environs d'Alger. Une bonne route muletière, bien tracée, rendrait de bien grands services à toutes les populations du pays.

Ces montagnards, ayant fort peu de terres arables, et ces terres ne produisant pas assez pour leur consommation, sont obligés de s'ingénier pour gagner leur vie; il paraît qu'ils sont assez habiles dans le commerce, le maquignonage des bêtes. — Quand les Kabyles se seront faits à nos figures, ce qui a déjà commencé, ils seront d'une grande ressource pour nos colons; déjà ils ont presque le monopole, comme journaliers moissonneurs chez les Arabes, et surtout chez les Maures. Je suis étonné qu'on n'ait pas tenté de faire dans certains endroits des villages kabyles; ce serait, je crois, un moyen de plus de les absorber, sans dépenses de sang et de poudre.

Ah, bon! chacun son tour!... voilà Hamed, qui,

depuis quelque temps, avait des difficultés avec sa
mule, qui dégringole par-dessus tête, une dégringo-
lade complète et sans pantalon!... horriblement vexé,
il tombe avec fureur sur sa bête à coup de pieds et de
poings; le malin Saïd en rit.

Nous arrivons à la fontaine dont je vous ai parlé,
et nous y faisons une halte; Michto, fils d'Hamouche
et de Fatma, nous accompagne à pied, le fusil sur
l'épaule; ce gaillard-là a des jambes de fer; il est toujours en avant. — Nous cassons une croûte de pain,
fait à la manière mauresque, aliment rare et de luxe
en Kabylie, et mangeons quelques figues sèches; la
fontaine est là: les bêtes essaient de raser le sol.

A une demi-lieue de Beni Hamed, nous nous détour-
nons pour aller voir où en sont des ouvriers tuiliers,
qui font des tuiles pour remplacer celles qu'a cassées
le capitaine. Ils ont creusé une petite mare où ils ont
fait arriver une rigole. Un Kabyle est au milieu, pé-
trissant la terre avec ses pieds et une pelle en bois,
puis il la passe par-dessus bord; un autre Kabyle hisse
et soutient ladite pelle avec une corde; les autres
mettent sur forme et exposent les tuiles au soleil. Elles
ne sont pas trop mal faites; je ne sais si on les cuit
autrement qu'à la chaleur du soleil.

Qu'ont-ils donc? ils réclament ou se disputent,
criaillant tous à la fois en s'adressant à Hamed. Ce
sont des Sidi el hadj Hamed par-ci, Sidi el hadj Hamed
par-là, à vous casser la tête, sur un ton de voix stri-
dent et élevé.... En voilà un surtout, un vieillard de

haute taille, au torse et aux membres magnifiques,
une espèce d'Apollon Hercule, qui se démène comme
un possédé. Il a un type de figure antique.

Nous rentrons aux Beni Hamed vers trois heures
de l'après-midi; nous avons été plus vite en revenant
qu'en allant; c'est qu'il y avait plus à descendre qu'à
monter, et que du reste nous n'avons pas flané. La
petite Dahia m'attend, son gros polisson de frère sur
le dos; c'est une chose surprenante que la force de ces
petits êtres; elles portent des fardeaux plus lourds
qu'elles-mêmes.

La famille d'Ayini bâtit une petite maison : ses deux
frères posent les pierres, Ayini leur passe des boules
de terre mouillées et pétries, qu'elle prend dans un tas;
le tout se fait en jasant et en riant, le vieux bonhomme
de père les regarde faire.

Dans la soirée, et pendant que tous les hommes
sont à courir, je ne sais où, Fathma a la visite d'une
jeune fille, assez jolie, mais mal ou même pas peignée,
et, comme toutes les autres, très-malpropre de vêtements; — je crois qu'elle ne vient que pour me voir :
curiosité de fille. Elle voudrait bien avoir les boutons
de nacre de mon gilet; mais je ne puis avoir un gilet
sans boutons; elle a dans son collier un bouton de
soldat portant le numéro 22. Je lui fais voir ma montre
et ses petits tics-tacs. Par un mouvement de son bras,
le haut du vêtement se dérange, et, près de son épaule,
j'aperçois une plaie vive : elle est due à la malpropreté ou à quelque maladie de peau héréditaire. Si

nos moyens médicaux pouvaient pénétrer dans les populations de ces montagnes, quels immenses services ils rendraient! j'y ai bien pensé; cela ne serait pas impossible. Si Auguste était avec moi, quelle clientèle! —

Une pauvre jeune mère m'apporte son enfant; elle me le montre d'un air désolé. Le petit malheureux a le ventre ballonné et le teint amaigri; elle me demande un remède. Je n'ai rien; je lui donne du café; cela ne peut pas lui faire du mal. A un autre voyage je me munirai de quelque panacée médicale. La mère me fait remarquer que c'est un petit garçon; il paraît qu'elle s'imagine que cela m'intéresse bien plus que si c'était une petite fille. Il est arrivé quelque chose en ce genre au capitaine.

A la suite d'une razzia, une vieille femme, appartenant à son goum, lui fit demander un morceau de couverture, pour couvrir contre le froid de la nuit un petit garçon, ramassé au hasard dans les bagages des vaincus, et que personne ne réclamait. Dans la soirée, le capitaine voulut voir l'enfant : il était abîmé de misère et dévoré par une affreuse vermine, qui lui avait déjà entamé la peau derrière les oreilles. Mon capitaine, qui n'est pas cependant trop tendre, eut pitié de la petite créature. Elle fut confiée à une bonne âme de la Smala. Mais ne voilà-t-il pas que, débarbouillé et soigné, le petit garçon se trouva être une jolie et gentille petite fille, souriant, pour la première fois de sa vie peut-être, à ses nouveaux parents. On

lui trouva une nourrice, car elle n'avait pas un an,
une chèvre. On l'aimait déjà pour sa gentillesse et
ses grands regards attachants ; elle avait bien vite fait
connaissance avec son nouveau monde, elle, qui n'a-
vait connu jusque là que la misère et l'abandon. Tout
allait pour le mieux, lorsqu'un soir elle s'endormit,
mais ne se réveilla plus, en ce monde du moins. La
misère l'avait atteint mortellement ; elle n'avait vécu
un instant que pour remercier ses hôtes.

La vieille avoua son innocent mensonge. Elle l'avait
fait, dit-elle, parce qu'elle avait pensé qu'on ne refu-
serait pas pour un petit garçon ce qu'on aurait refusé
pour une petite fille. Ce n'était qu'une fille ; pas plus
d'importance qu'un petit poulet égaré, à peine sorti
de sa coque ; qu'un petit chat venu de trop et jeté au
bas d'une borne.

Quand Hamed et les autres sont rentrés, je reparle
à Hamed de Lella-Kedidja, et lui rappelle la promesse
de son père ; je veux absolument aller visiter cette
dame sur son pic, et j'irai. — On tient conseil : Saïd
ne veut pas ; pourquoi ? je l'ignore. Idir, que j'ai retrouvé, est pour moi. Hamed hésite.... il est courageux, et au besoin résolu, décidé ; il ne me paraît pas
aussi rusé politique que son père, mais je crois qu'il
aurait le caractère droit et ferme.

Je vais mettre le feu aux poudres, et, d'un mot,
enlever la chose. En effet, je lui dis, non pas un mot,
mais trois mots : « As - tu peur ? » — « Allons, »
répond-il. Pour éviter la chaleur, qui est excessive, ou

peut-être par prudence, car les Beni Melikeuches ne sont pas loin, nous y monterons quand la lune sera levée.

En effet, vers dix heures du soir, après avoir mangé le kouskoussou, nous nous mettons en route. Mouffoc, le frère de Sidi-Djoudi ; Hamed, son fils Saïd ; Michto, l'aîné des fils de Fathma, et deux autres Kabyles, Soliman et Ali.

C'est aujourd'hui la fête de Louis.

Nous commençons à gravir ; pendant une heure, ça va assez bien ; mais j'ai fait la bêtise de mettre en manière de ceinturon le baudrier de mon sac de chasse, après lequel il y a une espèce de giberne, remplie de poudre et de plomb ; j'ai, de plus, mon fusil et mon burnous noir ; tout cela réuni me gêne. Puis, la montée devient rude : après deux heures d'ascension, nous traversons le massif de cèdres ; puis, on fait une halte de quelques minutes. Ces Kabyles allongent le pas comme des dératés ; Mouffoc et Michto surtout ; cependant celui-ci est venu aujourd'hui avec nous, à pied, de Thelintesserthe. Un ou deux seulement ont leur fusil.

A partir des cèdres, la montée est à pic et jonchée de pierres roulantes et anguleuses de toutes grosseurs. Elle n'est cependant pas dangereuse, en ce sens qu'on voit où on va et qu'il n'y a pas de précipices. Il y a très-longtemps que je n'ai marché sur les montagnes ; aussi j'éprouve une grande fatigue et une certaine difficulté à marcher, venant de ce que l'une de mes bottes s'est ouverte sous l'orteil et laisse cette partie exposée aux pointes ou aux tranchants de pierres; jugez quelles jouissances!

Enfin nous arrivons à une portée de fusil du pic. Là, nous nous arrêtons, non loin d'un petit cèdre, et nous nous étendons sur les rochers; — en voilà un lit, dont les plumes vous entrent dans le dos! Je suis éreinté et, de plus, trempé de sueur; or, l'air est froid et vif; je n'ai qu'un habit de velours, un petit gilet de mince flanelle, et mon burnous noir, assez bon pour préserver un peu de la pluie, mais pas du tout du froid. Si je n'attrape pas une fluxion de poitrine, j'aurai du bonheur! — C'est un danger sur lequel je ne comptais guère;... ce que c'est que l'imprévu! je me passerais bien de celui-là.

Je m'endors; il peut être une heure du matin. Je suis réveillé par la voix de Hamed, qui m'appelle. — Il ne fait pas encore jour quand nous achevons l'ascension.

Me voilà enfin sur l'arrête culminante du pic : elle a, au plus, une trentaine de mètres de long, sur un, deux, trois et peut-être quatre de largeur; elle est formée de couches presque verticales, feuilletées, de rochers vifs.

Le soleil va se lever....

Quel spectacle! quel panorama! — Ni la plume, ni le pinceau ne pourraient le dépeindre, en donner même une idée. Il faudrait pour cela un Dieu d'imitation, comme il y a un Dieu de création.... Vers la

mer, l'infini; autour de moi, sur la terre, les silhouettes noires et désordonnées d'immenses et gigantesques amas de montagnes; c'est une nature boule-
versée; c'est le chaos. — Des nuées de vapeurs donnent
à la lumière du soleil levant une teinte rougeâtre,
comme s'il était encore lui-même inachevé. Il me
semble que j'assiste à la formation, à la création du
monde, qui naît du chaos et se forme à mesure
que le soleil, se dégageant des nuages, l'éclaire en
montant vers les cieux! — Le bon Dieu demeure bien
haut; mais aussi il doit avoir une bien belle vue. J'ai
beau regarder vers Alger; je ne vois pas ma terrasse;
il paraît qu'elle est bien petite; cependant je la croyais
si grande; je m'y vois encore moins me promenant; il
est vrai, que ce n'est pas mon heure.

Il fait grand jour. Je visite trois petits marabouts
construits en pierre sèche et recouverts de tiges de
jeunes pins et de pierres plates, en guise de tuiles,
dans les anfractuosités de la crête. L'un d'eux, le plus
grand, à l'extrémité nord-ouest du pic, est sur le bord
d'un précipice effrayant par son aspect et son immense
profondeur; c'est un affreux gouffre de roches nues,
aiguës, anguleuses, sans la moindre végétation. Tout
mon monde est fort affairé. Mouffoc, Hamed, Saïd sont
en prière. Les prières finies, ils descendent chacun
leur tour dans un trou, au fond duquel ils grattent et
recueillent fort pieusement un peu de terre, qu'ils
serrent précieusement dans un coin de leurs draperies
ou de leurs mouchoirs de poche... ceux qui en ont;

car, soit dit en passant, ils ne s'en servent, pour se
moucher, que quand ils sont en société de Français.

— Ce trou est le *sanctum sanctorum.* C'est là où Lella-
Marabouta Keddidja se reposait.

Le souvenir de Lella-Keddidja se perd dans la nuit
des temps : c'était une sainte femme, qui guérissait
les malades et avait la main toujours ouverte pour
les pauvres. Quand, du haut de son pic, elle voulait
aller faire quelque promenade en Kabylie, elle s'as-
seyait sur une pierre, et.... partez, muscade!....
Inventez donc la vapeur et les ballons! — Je vous
donne la chose comme Idir me l'a donnée, sans vous
forcer d'y croire.

Nous ne restons qu'un instant; tout le monde s'en
va : c'est aujourd'hui vendredi, jour de pèlerinage;
des Beni Melikeukches peuvent arriver d'un moment
à l'autre, et alors bataille!.... Décidément, ils sont
fatigants, ces Beni Melikeukches.

Moi, qui ne tiens pas à ramasser de la terre, je
cherche des fleurs, mais ne trouve rien que le roc,
et toujours le roc, en gros et petits morceaux!

J'aperçois cependant à mes pieds, au bas du rocher,
un petit tapis vert de mousse : là il doit y avoir quelque
chose... deux sauts et deux pas... et m'y voilà. —
Cherchons! — Oh! une petite fleur, toute petite,
inconnue.... une deuxième encore! — A force de
regarder, je découvre encore un, puis deux petits
œillets; la razzia est complète. Ce petit trésor est
tout entier à moi: les touristes qui viendront après

moi cette année... s'il en vient.... ne trouveront plus rien ; tant pis pour eux ; ils repasseront l'année prochaine !

Je date trois lettres, une pour chacun de vous et à chacun une fleur.

Me voilà seul ;... mes compagnons ont disparu. La voix de Saïd clame dans la solitude et m'envoie des hoh - hoh! d'appel. Tu m'ennuies ;.... je descends ! — Bon! le voilà qui remonte ; les autres l'ont envoyé me chercher : il faut bien redescendre.

A quelque distance, Saïd me fait remarquer un Kabyle, qui monte d'un autre côté. Il prétend que c'est un Beni Melikeukche. Allons, de la prudence ; ne compromettons rien.

Il m'est absolument impossible d'aller vite, toujours à propos de botte, sans calembourg ; je suis obligé de choisir mes pierres pour poser les pieds, comme un oiseau ses branches. — La pente en est jonchée ; j'en ramasse trois comme échantillon de la montagne.

Saïd se permet de me plaisanter ; ils ne comprennent pas qu'on ait les pieds délicats, eux qui, à force de marcher pieds nus, ont la plante des pieds garnie de corne ou au moins de cuir tanné. — Voilà deux ou trois rochers à une certaine distance l'un de l'autre : «Ah, tu crois qu'on n'a pas de jarrets ! Tiens, regarde, mauvais plaisant, et fais-en autant, si tu peux, si tu l'oses.» — Un « bien » de Saïd couronne ma bravade.

Il n'y a rien comme la misère pour vous donner

du courage : ma botte est trouée; le bas aussi; je marche la plupart du temps sur l'orteil, presqu'à nu; eh bien! cette circonstance fait que je brave les Beni-Melikeukches; que le diable les emporte! je n'en parlerai plus. — Si j'avais de bonnes semelles, je ne peserais pas deux onces et décamperais promptement.

Nous arrivons sous les cèdres; je me détourne en apercevant un petit semis naturel de cette essence, pour y couper à votre intention deux cannes : des cannes de cèdres du Djurjura.... c'est rare; ce seront les premières, sans doute, qui se seront promenées en France. — Quoique le semis soit épais, pas un seul brin n'est droit : j'en coupe deux; puis, je rejoins mes hommes, qui m'attendent assis sous un cèdre. J'en mesure un vieux; il a sept mètres de circonférence; mais il se divise en plusieurs branches, énormes à deux mètres du sol. Michto met le feu à un vieux tronc creux de cèdre mort; il est énorme; comme nous n'avons pas eu de feu en haut, c'est pour qu'il ne manque rien au pèlerinage. Bientôt la flamme devient furieuse, intense; elle mugit et s'élance dans l'air par le haut du tronc; elle fait craquer l'écorce, la troue et la dévore. Un pauvre jeune chêne vert, son voisin, est rôti dans un clin d'œil.

Je prends les noms de chacun de ceux qui sont avec moi, et les inscrit sur mon calepin. Nous continuons à descendre; je reste en arrière. Hamed me fait demander mon fusil pour tirer quelque chose, et je le lui envoie. Je voudrais encore un cèdre : en voilà, mais ils sont trop gros ; je monte sur un jeune et lui coupe le haut de sa tige ; ma foi, il repoussera comme il pourra ; je ne crois pas que le Code forestier soit ici en vigueur, et puis je ne vois pas de garde.

Je rejoins mes gens. Hamed me rend mon fusil, je crois qu'il a voulu m'éprouver. Nous voilà en bas ; nous traversons un petit ruisseau, au haut et le long duquel est pratiquée une prise d'eau pour faire aller un moulin, sis un peu plus bas ; en passant auprès d'une espèce de réservoir naturel d'eau l'impide, je m'y lave les pieds, puis les genoux, puis toute ma personne. Nous rencontrons non loin de là un gourbis ; des femmes nous apportent du lait aigri ; comme je m'en donne !

Nous rentrons, je n'en suis pas fâché, et je profite de ma journée pour vous écrire et prendre quelques notes, assis sur une pierre dans la cour, ayant pour pupitre le dos d'un plat kabyle. — Saïd m'apporte en présent un petit vase kabyle. Je partirai demain, car il n'y a pas moyen d'aller plus loin ; je suis pris par les pattes ;... mon pied passe à travers ma botte.

La pauvre vieille Fatma m'a pris en affection ; elle a fait toilette ; elle s'est peint le dessous des yeux avec une substance noire ; elle en a trop mis, aussi la teinture a coulé sur son visage et lui a fait une ou deux raies noires sans qu'elle s'en aperçoive, ce qui ne l'embellit pas sous le rapport de la propreté : c'est un détail de la toilette des femmes et des filles kabyles, que j'avais oublié. Les mauresques ont ce petit moyen de coquetterie, mais elles l'emploient avec beaucoup d'art. Fatma me demande de lui écrire quelque chose;... est-ce que décidément elle me prend pour un marabout! que lui écrirai-je?... Si elle était jeune et jolie, et surtout propre, je trouverais bien quelque chose; elle n'est pas laide, mais ridée, maigre, sèche, quoique paraissant encore pleine de vie...

Oh! quelle inspiration! — Je lui écris sur un bout de papier : « Ave Maria. » Je le plie comme une toute petite lettre, le cachète en cire bleue et le fourre dans son amulette : Mahomed fera peut-être la grimace; mais tant pis pour lui. Après tout, qu'est-ce qu'il ferait de la vieille Fatma dans son aimable et séduisant paradis, puisqu'il n'y veut que la jeunesse et la beauté. On n'y fait ni kouskoussou, ni galette sans beurre, et la pauvre Fatma n'est plus bonne qu'à cela, pour moi, du moins.

Je fais mes adieux à tout le monde : Hamed me demande si je veux de l'argent;... je lui montre mon or.

dir me réveille bien avant l'aurore : je mets mon porte-manteau et la fameuse peau de panthère sur ma bête; je prends mon fusil, mes cèdres et mon petit vase en terre. Idir monte sur son petit vieux cheval blanc, qui va toujours sans boire ni manger, et nous voilà partis précédés de Michto, à pied. Nous descendons au clair de la lune le sentier escarpé que j'ai déjà monté. Je reconnais mon vieil arbre.

Nous marchons pendant une heure, puis vient le crépuscule, un instant d'aurore et tout de suite le soleil, qui surgit presque tout d'une pièce brûlant et éclatant. Nous cheminons montant et descendant à travers un pays couvert, c'est-à-dire peuplé de pins.

J'en mesure un; il a 1 mètre 35 centimètres de circonférence. C'est la grosseur ordinaire des plus gros :
ceux-là sont bien venus; ils ont échappé, je ne sais
comment, aux incendies. Ils sont, du reste, non loin
d'un ruisseau, à l'abri des courants d'air. Idir prétend
que dans les montagnes qui sont à la base du Djurjura,
à une lieue de nous, il y en a de beaucoup plus gros.
Quoi qu'il en soit, j'en vois partout à perte de vue
dans la direction du Djurjura.

C'est l'essence par excellence de ce pays, à en juger
par la persistance qu'il met à pousser, malgré tous les
accidents, toutes les causes de destruction auxquelles
elle est exposée; j'aperçois çà et là des semis naturels
de jeunes plants d'un à quatre et cinq ans, qui ont
une vigueur surprenante : c'est à satisfaire le forestier
le plus difficile, même un ex-garde général de Saint-
Dié et un conservateur des eaux et forêts de Grenoble.
Cette essence pousse, pour me servir d'une expression plus jardinière que forestière, comme du chien-
dent.

Si l'on abandonnait ces contrées à elles-mêmes, en
les préservant toutefois de l'incendie et des troupeaux,
dans quelques années elles se couvriraient d'une magnifique végétation de pins.

Nous marchons environ trois à quatre heures dans
un pays accidenté, ainsi boisé, en longeant le Djurjura,
que nous serrons beaucoup plus près qu'en venant,
laissant conséquemment la vallée de l'Oued Saël à notre
gauche. — Il me serait très-difficile d'apprécier la pro-

fondeur de cette bande entre cette vallée et le Djurjura, parce que rien n'est trompeur comme les aspects,
sous le rapport des distances dans les montagnes; les
différences rapides de transparence dans l'air sont, je
crois, la cause de ces illusions. J'aperçois au bas du
Djurjura de petites montagnes et des vallées peuplées
de pins. La vue de ce côté ne porte guère à plus d'une
ou de deux lieues. Nous laissons à notre gauche un pic
du Djurjura, qui, s'avançant vers le sud, paraît se dé-
tacher un peu des autres; il est presque entièrement
couvert de cèdres jusqu'à sa cîme.

J'ai observé que les différentes essences forestières
dont est peuplé ce pays, sont ainsi disposées; sur le bord
de la rivière viennent des blancs de Hollande; plus haut
des frênes. Dans la vallée, des oliviers ou greffés ou
sauvages, des tuyas, des genévriers. — En quittant la
vallée et en commençant à monter, on trouve les pins
jusqu'à environ un tiers de la hauteur du Djurjura;
puis des cultures, des figuiers, des chênes verts et
de maigres pâturages; — plus haut, aux deux tiers
de hauteur, commencent les cèdres, qui s'étendent
presque jusqu'au sommet, quand il y a de la terre vé-
gétale; mais, à l'exception de deux ou trois pics plus
ou moins tapissés de cèdres, tous les autres, depuis
le dernier tiers ou quart de la hauteur, ne sont que des
crêtes, des pointes de rochers vifs et parfaitement nus.
Je ne parle que des essences principales.

Il serait bien désirable, pour la prospérité de l'Algérie, que ses montagnes soient reboisées, ce qui,

du reste, est très-possible sans grands travaux, sinon même facile. Ce reboisement aurait pour effet d'assainir le climat, de diminuer les ravages des torrents, et, de plus, de féconder la terre en faisant naître de nouvelles sources, et en augmentant celles qui existent, dont les eaux tarissent en été.

Je voudrais bien que Louis, qui s'occupe de toutes ces grandes et intéressantes questions pour la France, puisse venir faire un tour en Algérie, pour voir ce qu'il y aurait à faire sous ce rapport. Je voudrais aussi savoir ce qu'il penserait des ressources présentes et à venir des forêts d'Algérie.

Nous filons rapidement au petit trot de nos bêtes et sans nous arrêter. Il fait chaud dans les gorges de ces montagnes. — Le soleil est déjà haut. Je voudrais arriver d'assez bonne heure à Borge-Bouïra, pour voir le marché arabe et kabyle qui se tient aujourd'hui sous ses murs.

Voilà mon fameux voyage qui paraît se terminer heureusement. Jai été bien reçu chez les terribles Zouaouas, chez lesquels aucun chrétien avoué n'avait pénétré ostensiblement. Ce sont vraiment des populations curieuses à étudier sous tous les rapports : origine, langage, lois, mœurs, usages, etc. Je ne suis resté que quelques jours avec eux; c'est bien peu, d'autant moins, que je ne connais que quelques mots de leur langue.

Il paraît, d'après ce que j'ai pu voir par moi-même ou savoir par des conversations par interprète ou autrement, que tout y est bien différent que chez les Arabes. Le Coran est pour ceux-ci à la fois la loi religieuse et civile; pour les Kabyles, il n'est que la loi religieuse et encore..... La loi civile consiste en usages différents des lois du Coran ou de ses commentaires, et qui remontent par la tradition à la plus haute antiquité. Ces usages, en certaines parties, seraient même quelquefois différents d'une tribu à l'autre; ce qui pourrait bien indiquer aussi pour les tribus des origines différentes.

Quelle est l'origine des Kabyles? C'est un problème qui, je crois, n'a pas encore été résolu. Sans me perdre dans la nuit des temps, je crois à peu près certain qu'ils ont eu des rapports intimes avec les Romains. La construction de leurs fontaines, les formes et les peintures de leurs poteries dénotent un certain goût, une certaine perfection dans les arts, de la part de leurs ancêtres, et rappellent les antiquités romaines; je dis de la part de leurs ancêtres, parce que tout depuis l'invasion des Arabes est resté forcément stationnaire. Les Arabes, d'abord, ne savent rien faire de ces choses et n'ont pu conséquemment rien leur apprendre. Du reste, les Kabyles ne les ont jamais souffert chez eux, encore moins les Maures et les Turcs. Ce n'est pas non plus dans les villes du littoral qu'ils ont pu, sous ce rapport, apprendre quelque chose, car on n'y fait rien de semblable; leurs traditions leur disent qu'ils ont habité la vallée de l'Oued-Saël et la plaine. Je ne sais même pas s'ils n'ont pas laissé leur nom à certaines parties de ces vallées. Je crois que dans la plus haute antiquité les montagnes du Djurjura étaient des solitudes couvertes de forêts; elles ont dû commencer à servir d'asile, de repaire aux malfaiteurs des populations des plaines; puis, ensuite, aux proscrits politiques et autres; en dernier lieu, enfin, lors de la grande invasion arabe, aux vaincus qui n'ont pas voulu subir le joug du vainqueur arabe. Il y a, comme vous le voyez, des études fort curieuses à faire chez ce peuple, qui a perdu et dû nécessairement perdre de la civilisation donnée par les Romains, puisqu'il n'avait plus de foyer auquel il pût l'entretenir, la raviver.

Je crois que, malgré ses idées pratiques d'indépendance, son énergie, toujours en garde et toujours prête à la défendre, le Kabyle acceptera assez promptement notre civilisation. C'est l'affaire d'une bonne et prudente administration, d'une sage et prévoyante politique, plutôt que de la force brutale; c'est aussi par le moyen des routes auxquelles, le premier mouvement d'irritation passé, il s'habituera, d'autant plus vite, qu'elles lui servent beaucoup et permettent à des tribus, opprimées par d'autres jusqu'alors et se servant d'intermédiaires, d'écouler leurs produits et de faire leurs affaires elles-mêmes et directement avec nous.

Du point de vue de la conquête, c'est encore et toujours des routes. Le Kabyle est habitué, dès l'enfance, à la fatigue, à la rapine, à la guerre, soit de

famille à famille, soit de tribu à tribu ; aussi le voyez-
vous toujours le fusil sur l'épaule, prêt à combattre
par colère, vengeance, passion, même contre un plus
fort que lui. Mais il n'a plus d'armes contre une route
qui marche lentement, froidement, fatalement, allant
à travers les montagnes, renversant tous les obstacles,
jusqu'au pic qu'il croyait inaccessible, où son village
est situé ; il n'a pas d'armes contre un pareil ennemi,
qui, tout en l'écrasant de sa puissance sous le rapport
de la prétendue indépendance, facilite son commerce,
son industrie, donne à ses produits une nouvelle et
énorme valeur. C'est pour lui, en un mot, une nouvelle voie de bien-être.

M. le Gouverneur Randon est, je crois, dans ces
vues, et il a compris qu'aujourd'hui l'achèvement de
la conquête par les armes n'était rien et sans gloire,
mais qu'il serait plus beau, plus digne d'un grand
peuple, de l'achever par la puissance de la civilisation.

Je voudrais que notre civilisation pût agir sur les
femmes ; l'a-t-on tenté ? a-t-on cherché les moyens ?
La femme kabyle, malgré son asservissement, doit
avoir, par le fait, au sein de la famille une grande
influence ; la mère de pareils hommes, si elle entre-
voyait notre civilisation, et cela n'est pas impossible,
elle deviendrait pour l'avenir un instrument puissant,
permanent, incessant de civilisation. S'en est-on jamais
occupé ? Avec de l'argent on pourrait bien des choses, et
il y a des gens qui ne savent comment se servir du leur.

Nous arrivons vers dix heures du matin en vue du

borge, et nous apercevons le petit plateau, qu'il domine, couvert des burnous blancs des Arabes et Kabyles, qui sont au marché. Une heure après nous y arrivons nous-mêmes. Il n'y a pas beaucoup de produits. Quelques peaux de moutons remplies de blé et d'orge, un peu de goudron, d'huile, quelques bestiaux, bœufs, vaches, chèvres et moutons; une boucherie en plein vent où l'on tue et débite immédiatement les bêtes; une quinzaine de petites tentes servant de magasin ou de boutique à des Mozabites et à des juifs, qui vendent de la mercerie, de la quincaillerie, de l'épicerie, des denrées de teinture et des tissus de coton; le tout fort commun. J'achète un haïck en coton pour Fatma; Idir le lui portera à son retour.

A quelque distance est dressée une tente française, où le caïd, flanqué de son cadi et de son secrétaire, rend la justice et règle les difficultés. Je fais une petite visite à M. Tinel; il veut me retenir à déjeuner, mais j'en aurais encore pour une heure, et je veux arriver cette fois à Dra-el-Mizan avant dîner. Nous remontons sur nos bêtes.

Vers une heure nous arrivons à la source dont je vous ai parlé. Nous nous y arrêtons pour déjeuner, prendre le café et faire boire nos bêtes. Idir, le modèle des écuyers servants, ne l'est guère pour les bêtes, car il n'a pas pris de l'orge au marché; il me répond, en riant, qu'elles mangeront à Dra-el-Mizan. Je casse une croûte de la galette que m'a donnée Fatma pour le voyage, avec la moitié d'un énorme oignon

qu'Idir a acheté en marche ; je ne sais si c'est parce
que nous approchons de Dra-el-Mizan, mais je ne
trouve plus si bon ce déjeuner.

Trois jeunes Kabyles voyageurs se reposent autour
de nous ; ils nous ramassent du bois pour faire du
feu, l'un d'eux a l'air bien malade. — J'ai fait acheter
par Idir du raisin, mais il n'est pas mûr, j'en exprime le jus et je fais ainsi une boisson rafraîchissante.
Pendant que nous prenons le café surviennent deux
Kabyles, l'un sur une belle jument, l'autre sur un
mulet : Idir les salue. Le premier est un caïd ; je lui
offre du café très-fort et sucré, ainsi qu'au vieux,
son père ; j'en donne aussi aux autres Kabyles. Au
moment de repartir, le Kabyle m'offre de monter sa
jument : j'accepte, car je suis fatigué de talonner mon
mulet ; il me recommande de ne pas me servir des
éperons, car la bête est vive et la descente est à pic. —
Arrivé au bas : «Un petit galop, ma belle,» qu'elle est
fine de bouche et d'allure ! qu'elle est vive ! — J'ai bien
envie de planter là mon Kabyle et de décamper avec
sa bête ; il viendra la rechercher à Dra-el-Mizan. Cependant je la lui rends. Je m'aperçois que la petite
gourde que m'a donnée Louis, et dont je me sers toujours en voyage, est cassée ; cet accident me chagrine.
Nous descendons la vallée dont je vous ai parlé, par
un soleil accablant.

Nous arrivons à Dra-el-Mizan vers quatre heures et
demie : cette fois, avant dîner. Il y a quelque chose
d'extraordinaire. On me dit qu'on attend deux géné-

raux, en tournée d'inspection, et que le capitaine est allé au-devant d'eux. Mais j'apprends d'autres nouvelles, des miennes, fort alarmantes : M. Devaux me dit qu'à Alger on me croit mort, dévoré par les Kabyles ou par les bêtes féroces. J'avais dit à un honorable conseiller, M. le Doyen, de doyen à doyen, que je partais pour quatre ou cinq jours, et qu'en revenant je lui rapporterais de ma chasse (l'achetant toujours, je suis toujours certain d'en avoir). Or, cinq, six, sept, huit, neuf, dix jours se passent, et il m'attend chaque jour à dîner. Des bruits alarmants courent sur mon compte. Inquiet, il va chez le procureur général sonner l'alarme. — Sur ces entrefaites on trouve un pauvre diable étendu près de Fondouck,... on l'examine. Il a sur le bras, gravé au tatouage, un cœur enflammé percé d'une flèche; c'est notre juge, s'écrie M. le substitut, doué d'une profonde connaissance du cœur humain, y compris le sien. Mais, ajoute je ne sais qui, notre juge était un brun (pas beau), et celui-ci est blond blanc, et si on a vu des cheveux noirs devenir instantanément blancs, et même des blancs devenir noirs, etc. «Président», dit une voix inconnue, «il mange le kouskoussou chez les Zouaouas.»

Une calèche amène au galop MM. les généraux escortés brillamment de spahis fantasiant. A dîner, je vois, devinez qui? je vous le donne en plusieurs cents, en plusieurs mille : M. Noizet, qu'Auguste a connu commandant du génie à Sédan, et M. Chabaud Latour que Louis a connu à Grenoble!

M. Noizet me parle de notre père, dont il se rappelle, et d'Auguste dont c'est demain la fête. — M. Cha-
bot m'apprend que Louis vient d'être décoré. Jugez de
ma joie!

Comment trouvez-vous mon voyage, et la fin surtout?
ne vous disais-je pas en partant, que le jour était de
bon augure! Il n'y a que la foi qui sauve!

Te Deum!

Ave Maria!

Adieu, je vous embrasse de tout cœur.

F.^x H.

Mais, un instant; ce n'est pas encore fini, et la
morale donc! je ne vous en tiens pas quittes, d'autant
qu'il y en a peu dans mon récit, en apparence du
moins, et il n'y a rien sans cela. Or, voilà celle de mon
histoire; rassurez-vous cependant, elle ne sera pas
longue :

C'est que, hors du Christianisme, il n'y a pas de
vraie civilisation, et que tout est possible avec

La Foi, l'Espérance et la Charité !

AMEN.